媚《こ》びない人生

ジョン・キム

PHP文庫

○本表紙図柄＝ロゼッタ・ストーン（大英博物館蔵）
○本表紙デザイン＋紋章＝上田晃郷

文庫版はじめに

『媚びない人生』（単行本）を出版してから、早くも8年が経とうとしている。

この本は、私が慶應義塾大学で特任准教授をしていたときに、3年間のゼミ生活を終え、今まさに社会に旅立っていく教え子たちに対して、「自分が主役の人生」を生きてほしいという想いを込めて書いたものだ。

それは同時に、自分自身の生き方へのリマインドでもあった。


ありがたいことに、この本は、3週間で7万部を突破するという、私の想像をはるかに超える反響をいただいた。感謝と戸惑いの中で、私には作家として生きる決意が芽生えた。

「居心地が良くなったら、離れろ」「アウェイに飛び込み、アウェイをホームにせよ」「従順な羊ではなく、野良猫になれ」など、自らが本に著《あらわ》したことを実践すべく、私は日本を離れた。

フランスのパリ、イタリアのフィレンツェ、スペインのバルセロナ、そしてオーストリアのウィーンでの生活を経て、今は再び日本で執筆の日々を送っている。


私たちは、「当たり前が当たり前ではない時代」を生きている。

人生には思いも掛けない想定外のことが、それも立て続けに起きることがある。

それでも私たちは自分を信じ、自分を愛することをやめてはならない。

一度しかない人生。

いつ終わりが訪れても、一点の悔いもないように、命の欠片《かけら》である「時間」に対する感謝と緊張感を持ちながら、魂の温度を最大限に上げ、瞬間に突入するくらいの勢いで燃え尽きる人生を生きようではないか。


人生の価値は、自分が自分自身をどれだけ信じられたか、で決まる。だからこそ、何があっても自分に対する絶対的な信頼を失ってはならない。

外に目を向けるのをやめ、内に目を向けよう。内面を鍛えるのだ。内面の強ささえあれば、人生の指揮権を取り戻すことができ、「自分が主役の人生」を生きることができる。

あなたらしい人生を生きるために、本書が少しでも役立つことを願って。

ジョン・キム

はじめに

自分と向き合い、悩みなさい。そして、どんな瞬間においても、自分のことを信じなさい

「素晴らしい。ハーバードMBAの連中のプレゼンと遜色《そんしょく》ないよ。クリエイティビティにあふれている。学部生だったら、ハーバードやエールよりも上じゃないか」

これは2011年、キムゼミを参観したハーバード・ビジネス・スクールのラマーナ・カーシク教授の言葉だ。

慶應義塾大学のメディア・コミュニケーション研究所は全学部にオープンになっ

ているが、入所のための競争率は6倍以上になる。研究所内には9つのゼミがあり、その中でも私の主催するキムゼミは最も厳しいゼミだと学生に認知されている。実際、私のゼミは厳しい。おそらく他のゼミでは、まず与えられないような課題を私は与える。あえて、そうしているのだ。ゼミ生の可能性を信じているからだ。

彼らは、私にとって家族同様に大切な存在である。彼らが集まるゼミの時間は、私にとっては何にも代え難い幸せで充実した時間。しかし、彼らはやがて3年間のゼミ生活を終え、卒業の時期を迎える。もう毎週、会うことはできない。

夢と希望、焦りと不安に揺れる青春まっただ中の彼らに自分ができることは何か。そんな自問の中で生まれたのが、キムゼミ最終講義『贈る言葉』だった。それは**将来に対する漠然とした不安を抱くゼミ生たちが、今この瞬間から内面的な革命を起こし、これからの人生を支える真の自由を手に入れるための姿勢や考え方、そして行動指針を提示したもの**である。

多くの大人から見れば、今の若者たちは冷めているように見える。未来について思い悩んだり、熱く考えたり語り合ったりしないのではないか、と。実際、若者たちも、そういう素振りを見せがちだ。しかし、私がじかに接してきた若者たちはそうではなかった。何も考えていないように見えて、彼らは激しく苦悩している。漠然とした何かと戦っている。毎日を悩み、苦しみながら日々を過ごしているのだ。

それは、まさに青春そのものの姿である。青春時代だけに許された、美しさ、素晴らしさだと私は感じる。かつて多くの大人たちが経験した、青春の姿だ。しかし、残念なことに、その美しさ、素晴らしさに誰もが気づくのは、遠く青春時代を過ぎてからである。青春は、通り過ぎた後からしか、その価値には気づけないのだ。

慶應義塾大学にやってきて8年。そんな青春まっただ中にいる若い学生たちと、彼らの夢や悩みを聞きながら日々を過ごしてきた。

私は彼らに「こうしなさい」と言うことは決してない。指示めいたアドバイスは一見、するほうにもされるほうにも有意義に見えるが、実はそうではない。それでは、まったく自己の成長にはつながらないからである。

自分が今、苦悩していること、さらには社会や未来と戦っていくことそのものが、実は大いなる成長の糧《かて》となるのだ。そして、それこそが将来、美しい青春の思い出として残るのである。だから、私は彼らに言う。**自分と向き合い、悩みなさい。そして、どんな瞬間においても、自分のことを信じなさい**、と。

教育者の役割とは何か。もちろん学生たちが知識を増やし、教養を深め、思考の力を高めることに貢献することは、教育者としての必須条件といえると思う。しかし、それだけで本当にいいのだろうかという気持ちが、私の中には常にくすぶっていた。だが、学生がそれ以外に求めていないとするなら、それでいいのだろうとも感じていた。

ところが私がある日、私自身がいかに自分自身と戦ってきたかを語ったとき、彼らは極めて強い関心を示した。**知識や思考といった「外面的な気づき」ではなく、心を強くするための「内面的な気づき」も彼らが激しく求めていることを知った**のは、このときである。むしろ彼らは、こちらをこそ求めているのではないか、とすら私は思った。

そして私は、私自身が実践してきた、**自分を強くするための「内面からの革命」**について、語るようになった。そしてその集大成として、時間の許す限り、これから社会に出ていく卒業生たちに語るのが、『贈る言葉』である。自らの体験からつむいだこの最終講義は、卒業していったゼミのOBたちから高い支持を得るに至っている。

本書は、この『贈る言葉』の内容をぜひ書籍にしたい、という出版社からの要望に基づいて、最終講義をベースにまとめたものである。これから社会に出ていく人たちに。社会に出てなお悩みや苦しみを抱える人たちに。さらには、高校生や、年頃のお子さんを持つ親御さんにも、お目通しいただければ幸いである。

私は韓国で高校を卒業して以来、日本、アメリカ、イギリス、ドイツと世界を転々として過ごしてきた。韓国を出たことも、その後、4つの国を渡り歩いたことにも理由がある。国を離れて自分を一度リセットし、何もないまったくのゼロからスタートすることによって、自分を大きく変えていきたい、大きく成長させていきたいと考えたからだ。慣れ親しんだ環境をあえて離れることで、理想の自分を追求することによって、さらに自分を強くしていくことができると思ったからである。

韓国で生まれた私は、小学校5年生から一人暮らしを求められるという特殊な環境の中に育った。通常であれば、両親の愛情や家族団らんを日々受け入れることができるのが当たり前の年齢。しかし、それを得られないまま、私は一人で日々を過ごすことになった。おかげで手に入れたのが、自分と向き合うしかない、圧倒的な時間だった。

だが、今も私が間違いないと思うのは、**孤独な体験や苦しい体験は、後の自分を強くし、幸せにしてくれる**、ということだ。自分と向き合い、多くの書物に接する中で、私は幼くして、たくさんの発見をすることになった。自分自身、さらには周囲について、シビアに見つめる機会を得た。また、生きていく上で何が一番大切なのか、ということにも気づくに至った。

例えば、世の中というものが、いかにうさん臭いか。簡単に信じてはいけないものか。常識や真実といったものの、いい加減さ。私が思ったのは、自分をしっかり持たなければ、こういったものに簡単に翻弄されてしまうのが、世の中だということである。そして、そんな羽目に陥《おちい》っては、思うような人生を生きることはできないということだ。

強くなければ、実は本当に自分が求める人生を生きていくことはできない。強さを身につけることで初めて、得られるものがある。実はやさしさもそうである。

そして人生の本質は、未熟から成熟に向かうことにこそある、と知った。人は何のために生きるのか。自分らしく成長するためにこそ、生きるのだ。

そのためにも**大事なことは、自然体で生きていくこと。自分らしい人生を生きていくこと**である。それは、自分自身が理想とする自分と、そのときどきの自分とのギャップを埋めることでもある。

私は韓国を出て、日本で、アメリカで、イギリスで、ドイツで自分なりにこのプロセスを進めていく中で、たとえ今、何もかもを失っても自然体のままで生きていくことができる強さを身につけることができた。

今、長く日本で過ごすことになった私が心配しているのは、日本では、多くの人が未来に怯《おび》えていることである。もしかすると、自分らしい人生を生きている人が少ないのではないか、自然体で生きている人は多くないのではないか、そんな印象を残念ながら持たざるを得ない。

本当の自分が置き去りにされてしまってはいないだろうか。他者や社会のモノサシに翻弄《ほんろう》され、振り回されてしまっていないだろうか。無意識のうちに、何かに媚《こ》びて生きているようにすら見える自分がいないだろうか。

ゼミ生には、そんな人生を送ってほしくなかった。**自分に誇りを持ち、自分を信じ、自分らしく、媚びない人生を生きていってほしい**と私は思った。そこで必要なのが、まず何よりも内面的な強さなのだ。

その方法こそ、**絶対不可侵領域としての自己を確立すること**である。その大切さを、そしてそれを手に入れるための私自身が実践してきた方法を、私はゼミ生たちに伝えたかった。『贈る言葉』は、将来に対する漠然とした不安を抱くゼミ生たちに、今この瞬間から内面的な革命を起こし、人生を支える真の自由を手に入れるための考え方や行動指針を、最後の授業として提示したものなのである。

社会に革命を起こすことは難しく、時間がかかるものだ。しかし、内面の革命は今この瞬間にスタートできる。社会や他者に媚びないと自らを鼓舞し、真に自由な人生を生きるために、その革命に挑んでほしいと私は考える。

内面とは「感情」「思考」「言葉」「行動」の4つで構成される。

自分の感情を自分でコントロールできているか。

論理的思考を含め、思考で負けないか。

難しい言葉を使わず、説得力のある形で言葉を操れるか。

思いを行動に移し、結果を受け入れ、そこから学び、自らを成長させられるか。

内面的なこの4つの強さがあれば、自然体になれる。内面的な革命を起こしていくことで、自分の人生の指揮権を取り戻すことができる。

世の中には不可抗力なものと、可抗力なものがある。統制可能なものと、不可能なものがある。未来に何が起きるのかは、まったく統制ができない。しかし、自分の内面は自分で統制することができ、変えることができる。

まずは、**外に目を向けるのをやめ、内に目を向けること**だ。自分と向き合う時間を作ることである。

私自身、早い段階から内面的な革命を起こすことができたおかげで、幸せな日々を過ごしてくることができた。生きてここにいることそのものが、すでに最高の幸せだと気づいたのは、10代の頃だった。すべてを失っても、命がある限り、幸せへの再スタートができる。生きること自体、無限なる喜びがあるということにも、早い段階で気づいた。これも、内面に向き合ってこそ、だった。

多くの若い人たちが幸せに過ごせるように。私は、それを願っている。

内面的な革命を起こしていくことで、
自分の人生の指揮権を取り戻すことができる。

媚《こ》びない人生◎目次

第一章　「今」と向き合う
～自然体になれる強さを手に入れる～

第二章 自分と向き合う

~富士山でなく、エベレストを目指せ~

第三章 社会と向き合う
~不可抗力に逆らわず、可抗力の統制に集中する~

第四章 他者と向き合う
~絶対不可侵領域を持った自己を育てる~

第五章 仕事と向き合う
～超ガラパゴス人材になる～

第六章 人生と向き合う
~5年後の計画は立てるな~

第七章 未来と向き合う
~純度の高い自分を創る~

プロローグ

「強さ」だけが人間を独立した存在に導く

若いときは将来が不安なものだ。自分の力を実社会で試したことがない。だからそれが実社会でどれくらい通用するのかもわからない。何でもできそうな気もするし、何もできないような気もする。

大学までは親が敷いたレールの上を走ればそれなりに安定した生活が送れた。もちろん、レールの上に乗っかって、何も考えずにただただ走ってきたわけではない、ということはわかる。自分なりに悩み、様々な逆境を乗り越えて走ってきたのだと思う。

ほとんどの人は大学で成人を迎える。しかし、残念ながらキャンパス生活の中で成人としての自覚と責任を経験する場面はほとんどない。今の日本の大学はテーマすらないパークのようだ、といえば言い過ぎだろうか。総じていえば、教員にも学生にも緊張感というものが見あたらない。豊かだからだろうか。平和だからだろうか。そもそも今の時代、そうした緊張感だとか、ハングリー精神を求めること自体、時代遅れなのだろうか。

今の学生は至って真面目だ。反抗しない。従順。だが、同時に自己主張も滅多にしない。

別に媚びているわけでもない。平和主義なのだろう。対立もしたがらない。本気になってぶつからなくても十分楽しく生きていけるようだ。友達がいれば、ゆるーく付き合っていけばよく、友達がいなくても、一人で楽しめるものなんて今の日本にはいくらでもある。ケータイやソーシャルネットワークを使いこなすと人間関係も豊かになったように感じる。

しかし、大学を卒業すると状況は一変する。社会人になった途端、社会は大学とはまったく異なるゲームのルールの下で運用されていることに段々と気づくようになる。大学では、権威は適当に避けて通ればよかった。お金を、自分から組織（大学）に払う立場だからだ。

しかし、会社に入るとお金をもらう立場になる。〝会社という消費者〟に対し、自分が供給者としてサービスを提供しなければならない。特に今のような景気情勢だと、自分の〝会社という消費者〟に見放されると、永遠に居場所を失ってしまうのではないか、と不安を感じることもあるだろう。

労働力にも賞味期限がある。自分という商品を売るということは、時間が経つにつれてますます難しくなっていく。この会社から見放されるかもしれない、という不安感に敏感になっていく自分に気づく。

そこで多くの人は、自分から権威（上司など）を見つけ出し、その権威に対し、従順な自分を自ら演じて、その従順さを権威にプレゼントし続けることに一生懸命になる。きちんとした上司であれば、そうした軟弱で必要以上に従順な羊を叱《しか》るだろうが、能力のない、あるいは権威の行使に味をしめた上司となると、巧妙に虚像としての権威を膨らませ、羊の脳裏の深いところに自分を刻もうとする。

このとき〝羊社員〟は、「強さ」だけが人間を独立した存在に導く、ということにまだ気づいていない。だから、自らボスを作り出し、従い、そして依存することで、安定した自分の居場所を確保しようとしてしまう。大学時代の野心や志はいつの間にか日常から姿を消す。目の前にある仕事、そして社会から見れば限りなく小さな人間組織の中での自分の処世に、すべての心血を注いでいる自分を発見することになる。

夢は小学校のときが一番野心的であり、年齢を重ねていくごとに段々と小さくなっていき、いつの間にか夢を見ることすらしなくなる。それは、〝大人になっていく〟ということが、終わりなき挫折を経験することであり、自分の力の弱さ、社会という壁の厚さを体験することでもあるからだろう。そのうち、翼は折れ、飛ぶことを諦《あきら》める。そしていずれは翼があったことすら忘れるだろう。

殻を自ら破るどころか、殻が破れることの不安や恐怖の中で、日々をびくびくしながら過ごすのが精一杯だろう。新しい世界に対する憧れより、適応力の欠けている自分が、新しい世界に飛び込むことへの恐怖感が先行する。これを大人になったというべきか、現実的になったというべきか。

勤続年数を重ねれば重ねるほど萎縮していく自分、日常に妥協していく自分。どのようにして挑戦し成長していくか、というよりは、どのようにして今のポジションを失わないようにするのか、という、いつの間にか守りに入っている自分がそこにはいる。さらに、結婚し、子どもができ、ローンを組むようになると、もはやこの自己萎縮のスパイラルから抜け出すことはできなくなる。

こうした事態を避けるためにも、ゼミ生たちには強くなってほしいと思う。

その強さとは、

・お金とか名誉とか外面的な意味での強さではなく、内面的な強さだ。
・自分自身の尊厳に対する最大限のリスペクトを払える強さだ。
・どんなに辛い逆境でもいつでも受けて立つ気概を持てる強さだ。
・自身のすべての行動に対し、結果に対する全責任を自分で負う決意の持てる強さだ。
・何事にも縛られない何事にもとらわれない、そして物事をありのままの状態で受け入れられる大きくそして動じない強さだ。
・自分がこの世に存在する間に起きるすべての出会いや出来事は奇跡であると信じ、それが持つ意味を省察できる強さだ。
・他者の存在に対し最大限の尊敬を払うとともに、他者の感性、思考、行動を深く理解するための努力をする。そして他者の不完全性に対し海のような包容力を持てる強さだ。
・愛する人のためなら世の中を敵に回せる強さだ。
・生きるすべての瞬間が人生の最後の瞬間になるかもしれないという緊張感を持

ち、その瞬間に対してすべての心血を注ぐことができる、そしてその緊張感や集中力を死ぬその最後の瞬間まで持続できる強さだ。

これらの強さを持った存在として育てていくために、私は毎週教室に向かうのだ。

第一章

「今」と向き合う

~自然体になれる強さを手に入れる~

世界を征服するより、自分を征服するほうが難しい

「強さ」を身につけるために、知っておくべきことがある。それは**世界を征服するよりも、自分を征服するほうが、はるかに難しい**、ということである。

自分自身を振り返ってもらうのが、一番いいかもしれない。実は誰よりもやっかいで、気まぐれな存在なのが、自分自身なのだ（私自身もそうである）。合理的に動いているつもりが、まったくそうではない動きをしていることも多い。

感情の起伏にしても、そうだ。特にそういう原因があるわけでもないのに、妙にイライラしたり、落ち込むときもあるし、逆に急にうれしくなったり、楽観的になったりする。このあたりのコントロールは、極めて難しい。

しかし、**内面をコントロールできなければ、他者や社会を、まっすぐに、正しく見つめることはできない**。それは冷静に考えれば、わかることである。内面のゆらぎは、そのまま視線のゆらぎとなるからだ。

逆に、内面を自分で完全にコントロールできれば、世界を見る目が確立する、ともいえる。本当にあるがままの世界を見ることができるし、すべてを自分の成長につなげる解釈ができるようになる。

そうすることによって、実は自分の内面とはほとんど関係がない「外の世界」にとらわれることなく、自分らしい、自然体の自分でいられる。

内面のコントロールとは、4つのコントロールである。「感情」「思考」「言葉」「行動」である。この中でも、とりわけ難しいのは、感情のコントロールだ。いかに穏やかに、平常心を保ち続けられるか。これが一番難しい。しかし、これがコントロールできたなら、人生は大きく変わっていく。

この感情のコントロールに挑むことが、本書の大きな目的のひとつである。内面をコントロールして、自然体になれる強さを手に入れる。その方法をお伝えしていきたい。

内面をコントロールできなければ、
他者や社会を、まっすぐに、
正しく見つめることはできない。

失われた自分を取り戻す

日本の学生と会話を交わしていて、とても気になることがある。「私は引っ込み思案で～」「私は人見知りで～」と、自分を形容する言葉、とりわけネガティブな言葉が頻繁に出てくるのだ。実のところ、多くの場合、その形容は間違いだと思っている。しかし学生自身、それが間違いだと気づいていない。どこかで、自分はそうだ、と誰かに刷り込まれ、そうに違いない、と自分で決めつけてしまっているのである。

それが象徴的に表れるのが、就職活動を迎えたときかもしれない。自分で決めつけてしまっているから、本当の、ありのままの自分が出せないのだ。おそらくこれまで一度も出したことがないのだろう。だから、「××でリーダーをやった」などという、誰にでも言えてしまう自己PRが続々と出てくることになる。

また「私は引っ込み思案で〜」といった、受け手にとっては、まったく魅力的でない自己分析が出てきたりもする。もっと本質的なところで、ポジティブな自分や自分の過去と向き合えていない証拠だ。だが、これも致し方がないところもある。

まだ学校に通っていない幼児は、社会性を意識することなく言動に向かう。自分ならではの感覚で、感じた通りにすべてを表現して生きていく。ところが、ある段階から親を意識したり、社会性を身につけるための教育を受ける中で、自分のポジショニングを考えるようになる。**周りに評価されたり形容されたりする中で、社会的に生きていきやすい自分を作り上げていく**のだ。私はそれを、**ペルソナ**と呼んでいる。

実は**本来の自分というのは、まだ社会性を持っていない幼児の自分**である。何にも縛られず、制限されていない自分だ。ところが、知らず知らずのうちに自分の中に構築していくペルソナによって、ウソの自分を演じさせられていく。そして、自分が演じ続けた時間が長くなると、それが本来の自分なのではないか、と勝手に思い込んでしまうのだ。あるいは、どれが本来の自分なのか、見分けがつかなくなってしまう。

その典型例が、学生による自分の形容だ。実は幼児の時代の自分には、途方もなく大きな可能性があったのに、ペルソナによる長い時間の刷り込みで自分の可能性を激しく限定してしまうことになってしまっているのである。この刷り込みが、日本では強いのだ。

しかし、学生時代はまだそれでもよかった。社会に出れば「何かがおかしい」というギャップに、間違いなく気づくことになる。そう感じる機会が一気に増えることになる。感情を揺さぶられることが増えていくからだ。

なぜなら、本来の自分ではないのだから。学生時代とは環境が変わり、これまでにないような抑圧された環境の中で、ギャップは次第に大きく頭をもたげてくる。それは本来、当然のことである。

だからこそ**必要なのは、失われた自分を取り戻す意識**である。これまで、ペルソナを作り上げられ、社会性を持った自分を演じさせられてきたということに気づくことだ。そして、そこからいったん、自分を解放する必要がある。

それは**周りを意識した自分を解き放ち、「本当の自分」と向き合っていくということ**である。これからの人生をどう生きるのか、もう一度ゼロベースで考え、自分で導き出した結論に基づいて人生を生きていくことを覚悟するということである。

逆にいえばこれまでは本当の自分、本来の自分と向き合わなかった自分がいる、ということ。その事実に気づくことだ。実際、自分と真剣に向き合ってきた人がどれだけいるだろうか。失われた自分を取り戻すために今から自分に向き合うことこそが大切なのだ。

私は幸いにも、一人暮らしを始めた小学校5年生から自分に向き合うことになった。というよりも、自分に向き合うしかなかった。おかげで、失う自分は少なくて済んだ。しかし、それは、大きな不安との戦いだった。

自分を失わせ、社会性を持たせることは、実は不安を消し去ることでもあるからである。社会性の中で自分を失わせていくことは、周りの流れに乗ることであり、ある意味楽なことであるのだ。そしてそもそも子ども時代の自分というのは、弱い。流れに乗っていれば、弱い自分に向き合わなくて済む。

実際、何かのコミュニティに所属し、周りに合わせていれば、安心感を得ることができる。だからこそ、自分を失ったことにも気づかない。私の場合は、そういったプロセス自体がなかった。だから、徹底的に弱い自分に向き合わざるを得なかった。それは、辛い経験だった。

しかし、おかげで私は、常に本当の自分を実感しながら生きてくることができた。言葉を換えれば、「自然体」で生きてくることができたのだ。それは、苦しいことでもあったけれど、心地よいことでもあった。私は多くの人に、その心地よさを味わってほしいと思っている。

自然体とは、内面と外面が一致している状態

自然体で生きていく境地とはどのようなものか。一言でいえば、穏やかである。静かな海のようなイメージが広がり、何が起きても揺るがない。いつでも平常心でいられる。あらゆるものを受け入れ、包み込める包容力を手に入れられる。たとえ驚くようなことが起きても、起きたものをきちんと見て、それに対してどう対処すればよいのかがわかる。

乱れない、ぶれない感情を手に入れることができる。縛られない、とらわれない、こだわらない。素直な気持ちで人に接することができる。他者の評判ではなく、自分の直感で相手を評価できる。

感情的な乱れは、基本的にはなくなる。瞬間的にあったとしても、元に戻す修正

能力が発達する。だから、すべての瞬間に幸せを感じられる。

実際、私は自然体の大切さに気づいた小学校時代から、自分が幸せではないと感じた瞬間は一度もない。もちろん本当の意味で悩み、苦しんだことも間違いなくたくさんあったが、一切覚えていない。そういうことは、忘れてしまうのである。成人して以降は、あらゆる場面で幸せを感じるようになった。今、どれほど自分が幸運で、恵まれていて、幸せなのか、常に感じながら生きてきた。本当である。

実はもともとの自然体の自分と、今の自分との間にギャップがあることに、高校時代や大学時代に気づく若者たちもいる。そして彼らは、そのギャップを社会に出てからますます強く感じることになる。社会では、学校以上にありのままに過ごすことは許されないからだ。

社会では、相手がいる。会社や所属する組織がある。査定があって、給料がある。ここで家族ができたりすれば、もはや自然体の自分など意識していられなくなる。ますます演じる自分に慣れてしまう。不自然さが当たり前になっていく。

しかし、実のところ、不自然でいることとは、社会の中では自然なことでもある。多くの人が不自然を当たり前に受け入れているので、ギャップを感じながらも、なんとなく生きてしまうことになる。内面と外面が一致しないまま過ごせてしまうのだ。

逆にいえば、**自然体でいること、内面と外面を一致させるためには、たいへんな努力が必要になるということ**である。社会で生きながら自然体でいることは、本当はすごく難しいこと、意識的に努力しなければならないことなのだ。

だからこそ、そのためにはどうすればいいか、を考える必要がある。私がたどり着いた最終的な結論は、強さがなければいけない、ということだった。内面的な強さ、すなわち先に挙げた感情、思考、言葉、行動の4つの力である。そしてこの強さを身につけていくためにも、大切な認識がある。忍耐が求められるということだ。それを理解しながら、時間をかけて内面的な成熟、強さを培っていくことである。

自分に力がないうちは、自然体とは違う反応をしてしまう。本当はそうは思っていないことに相づちを打ってしまったり、上司に媚びた言葉を使ってしまったりする。しかし、内面的な強さが生まれれば、そういう行動はなくなっていく。相手を包み込むような行動ができるようになるし、未来に怯えることもなくなる。ペルソナのかりそめの人生の持つニセモノの穏やかさではない、本当の穏やかさを手に入れることができる。

まず**今、やるべきことは、実は内面と外面が離れていること、ギャップがあることを認識すること**である。そして、それを一致させるために、もっといえば、子どものとき、生まれたときの自然体としての自分に戻すために、自分は何をすべきかを考え、その取り組みを進めることである。

自然体になるのは、簡単ではない。時間がかかるかもしれない。しかし、それを成し遂げられたなら、そこから本当の自分の人生を始められる。社会によって乱された自分を、本当の自分に戻すのだ。

幸せの絶対的な基準を持つ

なぜ、自然体で生きていくことが必要なのか。もちろん、穏やかで、幸せな人生を手に入れることができるから、であるが、ではなぜそんなことが可能になるのか。自分の世界に向かえば向かうほど、純度の高い自分の人生を生きていくことができるからである。

世の中に貢献し、生きがいを見つけたい、と語る人は少なくない。しかしその前に、自分に与えられた人生というものについて、しっかり自分と向き合い、いかに成熟したものにできるか、という問いかけが先に来ると私は考えている。そうでなければ、社会に何かを提供することなど、果たしてできるだろうか。

相手への喜びや社会への貢献はもちろん大切である。私自身、自分が接する人たちすべてにポジティブなエネルギーを与えたいと思っているし、金銭的な価値に左右されないやりがいを今の仕事には感じている。しかし、**前提条件としてなければならないのは、自分自身が幸せをしっかり享受できていなければいけない**、ということだ。そうでなければ、自分が提供するものに対して、必ず対価を求めてしまうようになる。自分自身が、圧倒的な幸せを感じていれば、そんなことはなくなる。

だからこそ重要なのが、**自分自身で幸せの絶対的な基準を確立させること**だ。若い人の中には、たくさんの資産を持つことが幸せだと考えている人も少なくない。では1億円の資産を持つ人と、100億円の資産を持つ人では、どちらが幸せだろうか。人気企業に勤める人と、超人気企業に勤める人では、どちらが幸せだろうか。

1億円の資産の人は、ある人から見れば幸せに見える。しかし、彼は100億円の資産の人を前にすれば、果たしてどうだろう。一流企業も同じだ。実は、きりがないのである。金銭やモノによる価値基準は、極めて相対的なものなのだ。実際、巨額の資産を持ちながら幸せを感じられない人は少なくない。しかも、社会的な基準はどんどん変化していくのだ。こうしたものを幸せの基準として持ってしまうと、常に社会に振り回され、自分で完結できない。

それこそ、家族が一緒にいて、ご飯を食べることだけでも十分幸せだと思う人は、もしかすると、１億円の資産を持つ人よりも、人気企業に勤める人よりも幸せかもしれない。余計な欲を持つこと、誰かが設定した基準を意識してしまうことだけで、幸せは遠ざかっていくことも多いのだ。**幸せの基準を自分で設定できる人こそ、自分で幸せをコントロールできる人**なのである。

だが、それは基準を下げれば幸せになれる、ということではない。生まれてから経済成長を経験していない今の若い人たちには、自己防衛として幸福のスタンダードを下げていくことを得意としている人もいるが、それは自分の将来の可能性に対して失礼なことである。むしろ、幸せの基準は上げるべきだ。それは難しいことではない。幸せの基準の再設定は自分の中で完結できるのだから。それこそ、純度の高い自分の人生を生きていく、人生を成熟させていく、ということだ。問われるのは、自分自身、なのである。

実のところ、生きていく上での最大の喜びは、自分自身の成長実感に他ならない。これは多くの社会人が納得するところだと思う。そしてこれは、社会の中での成功とか、お金持ちとか、そういう次元を超えたものだ。このことに早く気づけた人は強い。そして自分をより成熟した状態に持っていくことこそが、すなわち大きな幸福感を生むのだ。

だからこそ、まずは自分の未熟さを理解しないといけない。その未熟な自分が、成熟に向かうことを実感できたとき、大きな喜びを感じることができるのだ。

人間として自分を深め、知識や教養を得、人生の意味について深く理解をし、自分自身について知ろうとし、他者についてより深く理解する感性を得、思考力や行動力を手に入れていく。こうした実感こそ、大きな幸せなのである。

必要なことは、何より自身の成長を意識することだ。未熟から成長に向かうプロセスこそ、生きる意味だと気づくことである。これを懸命に続けられた人生こそ、素晴らしい人生だと私は思っている。本当の幸せは、この過程にこそ潜んでいる。

実は薄っぺらな物欲の満足や、基準が社会にある自己顕示欲の充足、さらには本来の自分が願ってもいなかった自己実現に、幸せが潜んでいるわけではないのだ。

未熟から成長に向かうプロセスこそ、
生きる意味なのだ。
これを懸命に続けられた人生こそ、
素晴らしい人生だ。

不満の原因は、自分の中に見つける

　幸せの対極にあるもの、そのひとつが不満かもしれない。学校においても、すべての日常生活においても、そして社会に出てからも、不満を言う人は本当にたくさんいる。だが、不満を言ったところで何かの解決になるわけではない。責任を転嫁して、一時的に楽になるだけである。不満は不満のまま、蓄積されていく。実際のところ、不満を言う人は、そのことに気がついていることも多い。にもかかわらず、不満を言い続けている。極めて残念なことである。

　もちろん不満を持つな、などと言うつもりはない。思い通りにいかないことは、世の中には山のようにある。しかし、自分にはどうしようもないことがほとんどであることも、不満の特徴かもしれない。

そこで私が提案するのは、**不満も成長の糧にしてしまうこと**である。自分を強くする道具にしてしまうのだ。たとえ不満の原因が自分の外にあったとしても、その原因を自分の中に見つけるクセをつける。それは、自分を悪者にするということではない。**不満を自分の中の原因に昇華できたなら、そのとき不満は不満でなくなる**からである。

例えば、おかしな上司がいる。それを不満にして吐き出してしまうのは、簡単なことである。しかし、それを一度、抑えてみる。上司に対する不満の原因は何かを、自分の内側で考えてみる。

不満を学びの材料にし、成長の材料にし、反面教師にすることができるようになれば、ある意味で不満は感謝の対象にすらなってくる。世の中で起きることを自分でコントロールすることは難しい。しかし、**起きたことに対して、どう解釈するかは自分次第**なのだ。その解釈を自分の内面的な成熟につなげていくことができれば、それは単なる不満ではなくなる。

懸命にやったのにうまくいかなかったとすれば、未来のさらなる成長の種を提供してくれたことに感謝をすることである。こんな意識が持てれば、どんな状態でも常に心の穏やかさ、大らかさが持てる。また、平和に、幸せに生きていける。

そもそもからして、実は不満というものは、そのほとんどが極めてくだらないものだったりするのだ。自分の中に原因を見つけようとすれば、そのことに気づける。不満を感じたとき、修行だと思って内面で解決をしようと試みてみるといい。

そして**大切なことは、不満を言おうとするクセや習慣を、意識してなくしていくこと**だ。不満を吐き出すことは、一時的に心地よいものである。周りも賛同してくれる。しかし、やがて気がつけば、類が友を呼ぶように不満を言い連ねる仲間ばかりが集まるようになる。不満が、不満を持つ人々を呼び集めるのである。

逆に大きな人間に見える人たちは、そんな場には絶対に来ない。言い訳もせず、愚痴も言わず、他者のせいにもしない。もし、そうした器《うつわ》の大きい人間を目指したいのであれば、もう不満を言わないことである。そして不満を持つ人が集まる場にも、行かないことである。

不満を自分の中の原因に昇華できたなら、
そのとき不満は不満でなくなる。
不満も成長の糧にしてしまうことだ。

強がりは、成長の糧となる

自信というものは、結果から生まれるものである。努力して、結果を出して、自信が生まれる。だから、正しく努力をしていれば、人は次第に自信を深めていくことになる。

しかし、若いときにはそうはいかない。努力はしているけれど、すぐには結果が出せない。それが、大きな苦しみを生む。結果を出した経験が乏しいから、自信も持てない。今まで親が敷いたレールの上を走ってきた自分が、果たして社会で通用するのだろうか、と。これが、大きな悩みを生む。将来の不安を生む。

こういうときは、若さの特権を使えばいいと私は思っている。**根拠のない自信を持つこと**だ。もちろん現状の自分を過剰に評価する必要はない。だが、過小評価してはいけない。根拠のない自信でもいいから、自分はできるんだ、と信じるのだ。

背伸びをし、強がっていい。今の自分だけを見て、自分の可能性を測ってはいけない。強がりは、成長したいという気持ちの裏返しでもある。素直な気持ちも大事だけれど、強がる自分も大事。強がることが、目標を高くするのだ。

40代、50代になって強がっている人間は惨めに見える。しかし、**20代の若者たちが強がり、背伸びをしていると、大人たちは応援したくなる。**もっと強がっていい。

ただ、自分の無限なる可能性は、自動的に具現化されるものではないことを冷静に認識することも必要だ。揺るぎのない意志や日々の徹底的な努力という実践が伴わない可能性は、いつまで経っても可能性でしかない。要は「意志」と「実践」を、すべての瞬間において完全結合することだ。

自分を過小評価してはいけない。
根拠のない自信を持つことだ。

学びに対して貪欲であれ

大人たちが応援したくなる、といえば、もうひとつ、**学びに対して貪欲な若者**である。目の前に学びの材料があれば、誰よりも早くそこに飛びつこうとする。学校などの学びの場だけではなく、あらゆる場面、あらゆる物事、あらゆる人との出会いを、学びにしようという意識が強い若者は、目の輝きがまったく違う。

そこに迷いがあったり、恥ずかしさがあったりするのは、まだ学びに対して貪欲ではない証《あかし》である。だが、学びに本当に貪欲な若者は、意外に少ない。周りの空気を読みすぎたり、妙な計算を働かせたりする若者も多い。これは、本当にもったいないことだ。

そして社会に出れば、忙しくなったから、という言い訳が聞こえてくるようになる。実のところ、学校以上に体験で学んでいけるのが、社会に出てからの学びなのだ。人生における自分を成長させるための学びの機会は、世の中には本当にたくさんある。

学ぶための時間のようなものは設ける必要はない。**すべての時間を学びの時間にする**。世の中すべてを学校にして、すべてを学びの対象にする。自分に取り込んで考える。そういう意識を持つことだ。そんな若者と、忙しいからと日々を流されるままに過ごしていく若者とでは、同じことをしても、数年で成長の度合いはまったく違ったものになるのである。

自分にとっての理不尽は、相手にとっての合理である

社会に出たばかりの頃は、理不尽だと思うこと、不条理だと思うことに、たくさん遭遇すると思う。まず理解をしておくべきは、理不尽、不条理なものは、実は他者にとっては合理的な選択だということである。**自分の価値を測るモノサシから見れば理不尽、不条理でも、相手のモノサシから見れば、合理性がある**のだ。

しかも社会に出れば、人々が求める合理性は複数であり、極めて複雑なものとなる。何が合理的なのかは人の数ほどあり、しかも日々変わっていく。人々にとっての合理性は、まさに無限大にあると認識したほうがいい。

しかし、仕事の世界では、単にそれを冷めた目で見るだけでは何も解決されない。批判をしたところで相手のモノサシは変えられない。やるべきことは、他者に対する理解を深めることである。こういうモノサシがあるのだ、という新たな学びの機会にするのだ。

例えば上司が理不尽なことを言ったとする。それを部下の立場でずっと考え続けてしまうと、理不尽なままで自分の中に残る。従う自分も納得がいかないし、そういう命令をする上司にも納得がいかないことになる。従った形で仕事をして、結果を出したとしても、しっくりこない。

だからこそ、理不尽に直面したときには、感情的な反応をする前の段階で、どうして上司がそうした理不尽なことを言い、理不尽な判断をするのか、上司の立場に立って考えてみるのだ。上司にとっても理不尽なのか、を想像してみるのである。そうすれば、ほとんどのケースで、実は上司にとっては、合理的な判断だったということに気づける。

このことに気づけた瞬間、世の中は違って見えてくる。つまり、自分とは違う合理性に基づいて他者の判断が行われている、ということだ。そうなれば、異なる合理性の中で、接点を見つけていくという行動に移ればいいのである。

これは上司や先輩との関係だけではなく、仕事の交渉においても同じである。相手の合理性を理解し、まずは接点を見つけようとすることから始められる。この姿勢を持っているだけでも、関係性は大きく変わる。話し合える価値がある人間だとわかってもらえれば、相手の対応は間違いなく変わるからだ。お互いの距離は一気に近くなる。

人間関係のすべてにおいて、トラブルというものは、理不尽を単に真に受けて、そこで思考が止まってしまうところから発生する。そこで止めたり、そのままにしないことだ。受け手の考え方ひとつで、人間関係の危機は防げるのである。

本当に権威がある人は、権威を振りかざさない

社会に出ればもうひとつ、権威というものにぶつかることになる。理不尽や不条理を感じるときにも、この権威が関係してくることが多い。ここで重要になるのが、実は**媚びないという意識**である。

もとより本当に権威のある人は、権威を振りかざすことはしない。権威がない人が、自分の職位なり何かによって、それを頼りにとりわけ権威に弱そうな人たちをうまく見つけて振りかざす。権威を振りかざす人は自身が権威に弱いので、自分に似た人たちを見つけるのが、実にうまいのである。そして、そういう人たちに権威を振りかざして、ある意味では自己満足する。

実際のところ、本当の権威がないのに権威を振りかざす人たちは、下にはものすごく厳しいけれど、本当に権威を持っている人や、上で権威を振りかざす人たちに対しては、極めてセンシティブに反応し、順応したりする。そういうことがうまい人たちでもある。

もちろん、だからといって、権威に真正面から反発することは若い社員には難しい。しかし、受け入れはするものの、権威には決して媚びない、という意識を持つことはできる。そして、それだけでも、周りの対応は大きく変わってくるのだ。

権威を振りかざそうとする人たちは、そのことに気づくからである。こいつは自分の権威に従っているふりをしているが、本当は自分の意志をしっかり持っている。警戒をしたほうがいい。変に権威を振りかざすと、どんな目に遭うかわからない……。そういう発想になるのだ。

権威を振りかざす人間というのは、自分の権威の脆さを、誰よりも熟知するものである。そういう人間に立ち向かうには、強さを持つこと以外に道はない。その強さがなければ、今から死にもの狂いで努力を積み重ねることだ。一刻も早く自分の足で立っていられるように。

媚びない人生を生きていくためには、人間としての強さを身につけなければいけない。人間、平和が一番ではあるが、戦うときはいつでも受けて立つ気概を持つことが求められる。その気概がある人間に喧嘩を売る相手は、滅多にいないのだ。

一方、本当に権威を持っている人たちにも、それはわかる。こいつはちゃんと権威というものをわかっていて、媚びていない、と伝わる。そうなれば、緊張感を持って接してくれるし、将来を期待してもらえることになる。

媚びない意識と決意を心の中に持ったときには、それは自然なオーラとして醸し出される。権威を振りかざそうとする人たちは、こういうオーラには敏感に反応する。そうすると理不尽なこと、不条理なことを与えにくくなる。媚びないという強い意志は、理不尽や不条理への自己防衛策にもなるのである。

従順な羊ではなく、野良猫になれ

初めて社会に出て、驚き、ショックを受けた人も多いかもしれない。世の中というのは、こんなところだったのか。社会というのは、企業というのは、こういうものだったのか。衝撃を受け、打ちのめされ、持っていた夢や目標を軌道修正した人もいるかもしれない。一方、こんなものさ、と空気を読んですぐに社会に順応した人もいるかもしれない。

実のところ、日本の企業で働く人々に対する私の印象は、これほどまでに「従順な羊」が多いのか、というものだった。もちろん、すべての組織を見たわけではない。しかし、多くの組織で、ほとんどの人は従順な羊だと感じた。

とはいえ、私自身にも従順な羊であることを強《し》いられた時期もある。社会に出れば、当然のように浴びる、それは洗礼でもある。このプロセスを経なければ、何も学ぶことはできないからだ。社会に出て最初は、何より素直さは重要である。

しかし、それ以降もずっと従順な羊であり続けることは、また違う話である。しかも、自ら望んで従順な羊であり続けているのであれば、問題はより深刻である。本当は、自由に飛び回る「野良猫」になりたいのに、従順な羊のままでい続けている。そんな人が驚くほど多い印象があるのだ。

それにはふたつの理由があるように思える。ひとつは**野良猫になるための努力が不足していたこと**。能力の未熟さには気づきながら、そこから抜け出すことをしようとしなかったことである。そしてもうひとつは、**権威に対する意識を必要以上に大きくしてしまったこと**だ。

頭の中で権威が圧倒的な存在にまで大きくなってしまった。他者の目や社会の目といったものも、権威を大きな存在にすることに一役買っていった。要は、この権威に、はむかうことはできない、ここから出れば生きていけない、と思い込まされているということである。残念ながら、ふたつの理由ともに、あまり健全とは言い難い。だからこそ、目指すべきではないと思うのだ。

野良猫というのは、自由で独立した存在である。飼い主はいるが、縛られない。餌はもらい、愛嬌も振りまくが、魂までは売らない。いつでも飛び出す気持ちを持っていて、でも今は飼い主にきちんと貢献する。

実際のところ、野良猫のような存在は日本の高度成長時代には評価されなかった。一部はそういう人たちがリードした面もあるけれど、大多数の人々は従順な羊になることによって、組織は成長し、国家は繁栄した。結果として、中流の生活を手にすることができた。たしかに従順な羊になる理由があった。

しかし、今は時代がすっかり変わってきていることに留意しなければならない。たとえ、会社のムードが従順な羊でいっぱいになっていたとしても、騙されてはいけない。従順な羊になってしまうと、経済的にも、社内評価にも、プライベートにしても、幸せになれるような時代ではなくなっているのだ。そのことに気づいている人も多い。

むしろこの先は、**野良猫的な「出る杭《くい》」になることは必須条件**になっていて、出る杭にならないと雇用が危うくなるような時代に入っていく。目指すべきは、野良猫的な意識であり、出ていくかどうかは別にして、いつでも組織を出ていける力を持つことである。自分の力だけで勝負ができる自分を少なくとも目指し、日々を過ごしていくことが大切になってきているのだ。

そして企業でも、自己を持ち、自分の力を身につけた多様な人材が協力しあってシナジーを発揮するような組織が求められるようになっている。必要なのは、野良猫的な能力や感覚なのである。自分の意志を持たない、群れから離れたら自分では生きていけないような従順な羊は、その存在意義をすでに失っているのだ。この流れに気づいておかなければならない。

そんなことには急にはならない、なぜなら日本人にはもともと野良猫的な人材は少ないのだから、という声も聞こえてくる。しかし、この考えは危ない。答えは簡単である。日本人にいなければ、外国人を採用すればいいだけの話だからである。これがグローバルビジネスの現実である。もうすでに、こうした流れに向かって走り出している企業も少なくない。

社会や企業というのは、残酷なまでに大胆に、そして節操なくその規範や基準を変えるものである。そうした現実を、知っておいたほうがいい。だからこそ、あえて野良猫を意識しておいてほしいのである。今のままでいるほうがリスクが小さいだろうと思い込まされている羊よりも、実はそれははるかにリスクが小さい取り組みになるのである。

従順な羊ではなく、野良猫になれ。

第二章

自分と向き合う

～富士山でなく、エベレストを目指せ～

漠然とした不安に負けない

漠然とした不安を持ってしまうことに、悩む若者は多い。しかし、若い世代にとっては、それは青春の証拠だと思ったほうがいい。一方でそれなりの年配になっても漠然とした不安を抱くのは、未熟の証拠と言わざるを得ない。そこには、残念ながらあまり希望も見出せない。過去数十年間、自分としっかりと向き合い、自分を成熟させることを怠け続けた結果が、漠然とした不安につながってしまっているのである。

10代、20代では、挑戦もそれほどたくさんしていないし、自分が残してきた実績もない。自分の中で強がる自信はあったとしても、自信の裏にある根拠はなかなか探せない。高い目標を目指して一生懸命頑張っているけれど、心の中ではなぜか不安がつきまとっている。でも、それは若い人には当たり前のことだし、若い人の特権でもあるのだ。

むしろ、漠然とした不安があるからこそ、もっと信頼できる自分を作ろう、プライドを高められる根拠を作ろう、という動機付けにもなる。**若い時代の漠然とした不安というのは、ネガティブな証拠ではなく、ポジティブな証拠なのである。**むしろ、漠然とした不安を持っていたほうがいいのだ。

漠然とした不安を内面からすべて追い出していくための努力は、まさにこれからスタートすればいい。大切なことは、そこに立ち向かう意識である。漠然とした不安を前にして、どうするか、にこそ人間の差が、成長の差が生まれてくるのだ。

私自身にも漠然とした不安はあった。その不安は未来が見えないことによるものでもあったが、不確実な未来に対する自分の統制・対応・適応能力の限界を感じることに起因するものでもあった。まだ訪れていない未来を予測することは難しい。

しかし、自己の統制能力を高めることは不可能なことではない。

自己の統制能力というのは、自己の感情、思考、言葉、行動を統制することであり、すなわちそれは内面のコントロールに他ならない。自己の内面の検証を行い、内面的な省察を日々積み重ねることで、社会に対する、未来に対する、そして自己の感情的な動きに対する統制能力・対応能力を高めることができるのだ。

内面こそが人生の始発駅であり、終着駅である。生きるということは内面を深めていく、成熟させていくプロセスである。死はいつか訪れる。いや、確実に訪れるという覚悟に基づいて、今のこの瞬間を最後だと思って生きていかなければならない。死と真正面から向き合うことで初めて人間らしい生き方ができる。ただ、生きているだけでは動物と何ら変わらない。

不安というものは、上昇志向が強ければ強いほど大きくなるものだ。自分でコントロールできないことばかりが目についてしまう。本当は自分の内面をうまくコントロールすれば、そういうものも見えなくなるということにも、なかなか気づくことができない。

ただ、漠然とした不安があったからこそ、私は必死になった。その意味では、**不安は成長の原動力にもできる**と改めて実感している。

いろいろな人の伝記を読めばわかることだが、夢を実現した人たちは何らかの形で抑圧や強制、さらには不安と戦い、そこに意味を見出して日々を積み重ね、ようやく偉人の境地にたどり着いているものだ。

不安は当たり前なのである。それを前提として、次を考える必要があるのだ。

若い時代の漠然とした不安というのは、
ネガティブな証拠ではなく、
ポジティブな証拠なのである。

恥じるべきは、無知への無知

ハーバード大学で学んでいたときに、驚いたことがあった。授業の中で学生が質問の手を挙げるのだが、なんとも基礎的なことを聞くのである。これが、世界で最も優秀な学生たちなのか、恥ずかしくないのか、と私は感じたのだが、それほど単純な話ではないことに後になって気づかされることになった。

そうした質問をする学生たちは、**他者の無知ではなく、自分の無知を大事にしていた**のである。学びたいという気持ちが強ければ、周りの目など、どうでもいいのだ。自分の無知を発見したときに、それを堂々と問いかけ、知に変えていくのである。学びへの貪欲さがあるから、それができる。そして、自らの無知を、きちんと認識しているからこそ、できるのである。

だから、**無知だと思う瞬間は、むしろ喜ばなければいけない**。むしろ恥じるべきは、無知への無知である。わからないことをわからなかった自分だ。そうなれば、わかろうとする選択すら生まれない。わからないことがわからなければ、学びも何もないのである。

目の前に学びの機会が見えたら、誰よりも先にそれに飛びつくくらいのハングリー精神を持つことが重要である。そして極力、成長の機会（それが本でも人でも環境でもよいが）は自ら作り出すようにすることだ。待つことはやめる。待つことで、自分の成長につながる絶好の機会を逃してしまうのだ。

ところが日本では、わからないことを恥ずかしいと思う人たちが多い気がする。わからなかったとしても、手を挙げて質問をすることをしない。それは大きな間違いである。ハーバードの学生は、わからないことを喜び、自分の無知を極めて大事にする。わからないことが、わかっていくからである。

それがわかれば、気づいておかなければならないことがある。質問をするということは、実はそう簡単なことではないということだ。わからないことに瞬時に反応し、それをうまく質問に落とし込んでいくことがいかに難しいか。スマートな答えをする人は決して少なくない。しかし、**スマートな質問ができる人は極めて少ない**。それは、自分の無知を知り、問題意識をしっかり持っているからこそ、できることなのである。

ただ、最初から格好をつける必要はない。最初は、緊張してもいい。声を震わせてもいい。頭が真っ白になってもいい。支離滅裂になってもいい。とにかく、自分の無知に気づいたら、問いに落とし込んで、相手にぶつけてみることだ。

これから意識するべきは、わかっていること以上に、わかっていないことに注意を払うことだ。それが、自分の知を大きく広げてくれる。そして自分の専門分野だけを追求するのではなく、そこから徐々に枠をはみ出していくことである。

また、会う人たちも幅を広げていく。環境を変えようとしてみる。そうすることで、わからないことがわかる。無知に気づくことができる。無知の知への可能性を大きなものにしていける。学びのチャンスが広がってくるのだ。

わからないことを恥じてはいけない。わからないときには、むしろ喜ぶことだ。それは間違いなく、知の拡大につながる。

知ったふりはしない

間違っても、知ったふりはしないことだ。**知ったふりをするのは、「他者への欺**《ぎ》**瞞**《まん》**」であると同時に「自分自身への侮辱」**でもある。本当の自分とかけ離れた自分を、自分に演じさせることのないようにすることだ。仮面というのは、いつかは剝《は》げるもの。最後までかぶり続けることはできない。

知ったふりをするのは、
「他者への欺瞞」であると同時に
「自分自身への侮辱」でもある。

途方もない目標を立ててみる

日本一高い山である富士山を目指すのではなく、世界一高い山であるエベレストを目指せ。私はよくこう言う。人間は、**目標設定によって限られた時間の中での集中力が変わってくる**からである。

例えば登山家であるならば、自分が今、登れる山のちょっと上を目指すことによって、練習の集中度が変わってくる、とはよく言われることである。たしかにその通りかもしれない。日本では、特にその傾向が強い。作った目標には必ず到達したいという完璧主義が強いからである。

しかし、それでは途方もない目標はなかなか作れない。到達する可能性が低いからだ。だからこそ、私がお勧めしたいのが、目標設定した7、8割しか、達成することはできない、と最初から考えることである。それをゴールとするのだ。

目標を高く設定してしまえば、達成率が7、8割でも、目標を低く設定して完璧にした以上のことを達成することができる可能性が出てくる。

登山なら4000mを目指して練習すれば、3000mくらいは登れるようになる。しかし、もし8000mを目指したなら、同じ期間で5000m、6000mに登れるようになるものなのだ。

なぜかというと、人間は定めた目標に対して、限られた時間の中でどれぐらいの集中度で、どれぐらいの濃度の努力をして、それにたどり着くかということを逆算して考えるからだ。

この逆算に基づいて計画を立てていく。それによって、瞬間瞬間に対しての集中力が変わってくる。つまり、目標設定次第で、実際にはクリアしたかった目標が軽々と超えられることもあるのだ。自分の今持っている能力を冷静に判断し、その上で大きな目標を立てる。これは、実は自分を大きく成長させることができる方法のひとつである。

日常は自分が選択した結果に過ぎない

少し壮大な話になるが、自分の中に宇宙があると考えてみるといい。自分の中には、実は無限なる世界が広がっている。思ってもみないような思考の領域や、感情の領域が隠されているということも、そう思えば納得ができる。

不満の原因を外で探さず、自分の中で探す、とは先に書いたことだが、これは宇宙を回している原理が、実は自分の中にあるからである。

逆にいえば、自分の内面というものを甘く見てはいけない。自分のコントロール不可能なところで、勝手に宇宙が広がっていく可能性だってあるからだ。だからこそ、その宇宙を自分のものにしなければいけない。絶対的な指揮権、統制権を自ら持っていなければいけない。自分の宇宙を、自分で作り上げていく意識を自分で持つことが大切になる。そうすれば、実は世の中というのは、いかようにでもなるということに、やがて気づけるようになる。

結局のところ、**日常というものは、過去の自分の選択の産物**でしかない。日常はそこにあるのではなく、自分が作り出したものである。その意識を持てば、実は日常は大きく変わっていく。

世界も広いが、自分の宇宙も途方もなく大きい。そのことに気づければ、世界観は大いに広げられる。自分で世界は変えられるのだ。

孤独とは、自分と向き合う時間

かつて講演会で、「孤独を克服するにはどうすればいいか」という質問を受けたことがある。私には、とても違和感のある質問だった。なぜなら、孤独は極めて大事なことだからである。**孤独は決して、克服すべき対象などではない**。

むしろ孤独こそ自分の中で一番自然な状態で、自分の人生をしっかり感じられるもの。孤独に一人で、自分と向き合うことは、一番大事にすべき時間なのである。

しかし一方で、自分が好きになれなければ、孤独は楽しめないともいえる。他者といたとき、一人でいるときよりも楽しめるのであれば、会う価値がある。しかし、もしそうでないなら、会う価値はない。

一人でいる時間が楽しければ、それでまったくかまわない。どうして日本では孤独がこれほどネガティブに捉えられるのか不思議なことだが、孤独をもっと大事にするべきだ。とりわけ若い時代には、自分に真剣に向き合える唯一の時間なのである。**孤独な時間、自分と向き合う時間こそ、絶対に確保するべき時間**なのだ。

自分の経験でもそうだが、自分に対する自信がないときの孤独は、たしかに怖いものでもある。だが、それを恐れて群れの中にいれば、自分はどんどん弱くなっていくことを自覚する必要がある。

自分を信頼し、孤独を楽しもうとする姿勢も、必要なのである。

孤独な時間、自分と向き合う時間こそ、
絶対に確保するべき時間なのだ。

ネガティブな感情に居場所を与える

自分を苦しめるものに、ネガティブな感情がある。ネガティブな感情は不安を呼び起こし、不快な気持ちにさせて自分をいじめる。これは私自身もそうだった。しかし、私はあるときから、ネガティブな感情への対処法に気がつくことになった。

ネガティブな感情の特徴は、それを自分が認識して、「嫌だな」「困ったな」と感じ、除去しようとしたり、見て見ぬふりをしようとしたりするときにこそ、強い力を発揮するということである。

そういう態度でネガティブな感情に接していると、ネガティブな感情は潜在意識に潜り込んでいく。それがいつまでもじわじわと自分を苦しめていくことになるのだ。長ければ、10年、20年と潜在意識の中に居座り続けることになる。

では、どうして潜在意識に潜り込んでしまったのかといえば、それをないものにしよう、見たくないものだ、と自分で思ったからなのだ。ネガティブな感情と向き合おうとせず、そこから逃げようとしてしまったがために、潜在意識にまで入り込んでしまったのである。

もしネガティブな感情がわき上がってきたなら、それを自分で認め、客観視して向き合って、居場所を与えてしまえばいいのだ。言ってみれば、表舞台に引っ張り出すのである。潜在意識に潜り込む前に、顕在意識にさらしてしまうのだ。

実は**ネガティブな感情は、居場所を与えられて、表に出されると、極めて居心地が悪くなる性質を持っている**。こうなると、自ら逃げていってしまう。見て見ぬふりをしたり、それをできるだけ見たくないと思ったりすることこそ、ネガティブな感情には一番居心地がいいのだ。それが、彼らの習性なのである。

ならば、その習性をしっかり理解して、きちんと真正面から向き合ってやれば、ネガティブな感情は逃げていく。どうするのかというと、例えば嫉妬《しっと》でも、焦《あせ》りでも、妬《ねた》みでも、なんでもいいのだが、それを感じたときに、ネガティブな感情を自覚することである。できれば、言葉に出してみるのである。

ああ、今、自分は焦りを感じているな、不安を感じているな、嫉妬を感じたな、妬みを感じたな、と自覚する。そして声に出してみる。それは、ネガティブな感情をまさに自分で認めていることに他ならない。そうすると、ネガティブな感情は居心地の悪さを感じ、その場から去っていくのである。

ネガティブな感情がわき上がってきたとき、それを見て見ぬふりをすることは、その瞬間は楽である。しかし、それでは彼らはまったく逃げない。それどころか、潜在意識の中に住み着いて、中長期的に徐々に自分の心をむしばんでいくのだ。

一方、その存在を認め、真正面から向き合うことは瞬間的には辛いことかもしれない。しかし、そうすることで、永遠にネガティブな感情からは解放されることになるのである。

すぐに結果が出ることなど、大した挑戦ではない

じわじわと時間をかけてネガティブな感情に襲われることもある。しかも、それがなかなか晴れてくれない。例えば、一生懸命、努力しているのに、なかなか結果が出ないようなときがそうである。

若いときには、そういうことも多いが、行動と結果にはタイムラグが必ず存在する、ということを思い出してほしい。とりわけ大きな挑戦にこそ、タイムラグはある。実のところ、今日努力して明日結果が出る、などという挑戦は、大した挑戦ではないのだ。

実は後から考えてみると、懸命な努力が結果を出す、まさに目の前に来ていたときでも、挑んでいる最中は、永遠に真っ暗なトンネルが続いている気がしているものである。これは、多くの偉人たちが、やはり自伝で語っていることでもある。

もし、**一生懸命に努力しているのに結果が出ないと感じたときは、今こそ踏ん張るとき**だと思うことだ。もうギリギリのところまで来ているということを、自分に言い聞かせながらやっていくことである。

そして、努力してもなかなか結果が出ないときほど、努力すればするほど、最終的に得る結果は大きくなると信じることである。それがわかれば、努力し続けることで結果が出ないことは、喜ぶべきものであり、不安になったり、挫折感を覚えたりするものではないことにも気づけるのである。

努力してもなかなか結果が出ないときほど、喜ぶべきだ。最終的に得る結果は大きくなると信じて努力し続ければいい。

起きてしまったミスは、肯定的に捉える

会社に入って早々、遅刻をしてしまった。先輩に言われていたことを、失念してしまった。取引先に対しておかしな対応をしてしまった……。社会人になって、自分のしでかしたミスにショックを受けた人も少なくないかもしれない。

しかし、ミスは誰でも起こす可能性があるもの、と考えるべきだ。もちろん起きてほしくはないが、起きてしまうミスもある。むしろ大事なことは、ミスを起こした後の対応である。

例えば、遅刻をしてしまった。理由は様々にあるかもしれないが、起きてしまったことや、それに対して上司や先輩が持った感情を変えることはできない。それ

は、コントロールできないのである。

だからこそ、自分がコントロールできる部分について、さてこれから何ができるか、と切り替えられるようにならないといけない。そうでなければ自分自身だけでなく、周りにもさらに迷惑をかけてしまうのだ。もちろんミスは反省するが、問われるのは、そこからの未来志向のアクションなのである。

私であれば、こう考える。**ミスしなければ、学べないことがある、と捉える**のだ。ミスをして叱られたり、周りから白い目で見られたりすると、人間というのはとても危機感が高まるものである。感覚も鋭くなり、ミスをした自分をそこで改めて確認できる。

ある意味では、逆にミスをして恥ずかしい思いをして、叱られてよかったと思う自分にしていくには、どうすればいいのか、と発想を切り替えるのである。そういう意識を持つと、ミスをしても、ある意味喜べてしまう。それを次につなげられる人間になれるからである。

ミスを悔やんだり、くよくよしていても仕方がない。問われるのは、それを自己成長にどう生かしていくか、なのだ。

結果に対する全責任を負う決意に基づいた選択は、常に正しい

何かの選択を迫られたとき、大いなる悩みを持つのは若い時代である。経験も少ない。知識も少ない。そんな中で、自ら選択をしなければならない。

こういうとき、誰かの知見にすがる、という考え方の人もいる。しかし、私はそれは勧めないし、自分自身もしてこなかった。大切な選択は自分で決めることである。たとえ、それがネガティブな結果に終わっても、である。

そうでなければ、いつまで経っても自分で何も決められない。経験を積むこともできない。成長も成熟も、おぼつかないのである。

私自身は、自分の人生の中で考えたときに、何が本当に正しい選択なのか、20代後半にはっきりと気づくことができた。それは、**その選択が生み出す結果に対して責任を負う決意に基づくのであれば、その選択はその時点で常に正しい**、ということである。

自分の外にあるものを自分の中に内在化していく際には、必ず自分でそのプロセスを吟味し、納得した上で消化することが必要だ。その検証プロセスなしに受け入れることによって発生するすべての物事の結果については、自分がすべて責任を負う必要がある。受動的に受け入れることが、結果に対する責任回避の言い訳にはならないのだ。

選択の結果に対する全責任を自分で負うという決意が伴わない選択は、常に不完全で、正しいとは言えない。「自己の感情」「思考」「言葉」「行動」に対するすべての権利も義務も自分にあると考えよう。安易に周りに合わせたりしない、時にはみんなを敵に回すことになっても、自分が正しいと思うこと、心から信じていることを考え、行動することだ。その思考や言動の結果は、明日の成長した成熟した自分を創り上げるための学習材料と捉えることである。

もとより結果というのは、自己完結的なものではない。それは自分の選択や行動が、自分ではどうしようもできない無数の外部要素と組み合わされたものである。よって、結果を完全に統制することはできない。しかし、結果から学び、次なる自己成長につなげることはできる。たとえ、それが周りから失敗といわれるものであったとしても。

短期的な失敗は、実は長期的な成功のための土台、ステップになるのだ。

選択する瞬間においては、はっきりと割り切る気持ちを持つためにも、さらには迷いを一切なくすためにも、その選択によってもたらされる結果に対しては、誰かではなく自身が全責任を取ることを意識することである。

こうした選択は、実はとても心地よい、楽しいものになる。結果は、楽しみに待てばいいのである。

結果に対する全責任を負う
決意に基づいた選択は、
常に正しい。

成長に終着駅はない

ある世界的に急激な成長を遂げている企業の会長が、こんなことを発言していた。**うまくいっているときこそ、最大の危機**である、と。それはまさに人生にとっても、同じだと思う。

ある分野の頂点にたどり着くことができた人間は一流、という言い方ができる。しかし、頂点に立ったときに、自分の中で次なる頂点をまた設定できる。それをずっと死ぬまで設定し続けることのできる人こそ、超一流といえるのではないだろうか。まさに、自分が生きているという感覚を持ち続けている人たちだ。未熟から成熟へ、という本当の幸福を求める意識が死ぬ、人生の最後の瞬間まで消えることがない。そして、それを楽しんでいる。

これができるのは、世の中に広がる成功の評価軸などといったものではなく、自分の中で評価軸を持っているからこそ、である。成長に終着駅はない、と認識できているのだ。

人間は本当に、死ぬときまで、成熟し、成長していくことができる。これこそが唯一、人生の中で掲げるべき真実であり、目標だと私は思っている。それこそが人間に課せられた義務であり、権利であると考えている。成熟を目指す成長のステップは、永遠に続くのだ。

これまで社会が、あるいは親が求めてきたことを、すべて完遂《かんすい》してきた、という若い人もいるかもしれない。褒められ、賞賛され、憧れられ、陽の当たる道を突き進んできた人もいるかもしれない。ひとつの結果に到達した、若者たちだ。それを誇りに感じながら、世の中のメインストリームを生きることも、ひとつの道だと思う。

しかし、あえて私は外に踏み出してみることを勧めたい。**一流ではなく、超一流**

を目指すのだ。誰かに作り上げられたペルソナではなく、本当の自分で戦うのである。

言ってみれば、これまでは教えられてきた、ひとつの川を泳ぎ進む日々だったのだ。しかし、そこから大海に出る、ということである。川に慣れてしまえば、川から抜け出せなくなってしまう。大海に出れば、泳ぐ力さえあれば、自分で行きたいところに行ける。

川にいたほうが楽かもしれない。川なら迷うこともない。周りに一緒に泳ぐ人たちもいる。目指すゴールは、ほぼ同じところだ。しかし、そもそもゴールの設定を自分でしていない、ということに気づく必要がある。その頂点は、誰かが決めたものではないのか。しかも、川の中では、できることが限られている。これでは、一流止まりである。

大海に出れば、そうではない。自由にゴールを設定できる。しかし、苦しいし、時間がかかるかもしれない。ただ、本当に自分が見たいところ、行ってみたいところに行ける。さて、どちらが自分にとって、誇りを感じられるだろう。

安定した生活だけを目指し、周りと仲良く、同質の世界の中で、調和しながら、小さな成功と小さな成長を目指していく人生を目指すのか。もし、それを主体的に選択したのなら、それでいい。

しかし、本来は泳ぐ力がもっとあって、海に出ていろんなところに行ける可能性を秘めていると自分が信じられるのであれば、海に出るということ、大きな成長を目指して向かっていく道も、選択肢の中に入れてみてほしいのだ。

それはまったく違う景色を見ることである。長期的には、泳ぎだけではなく、船を造ったり、乗りこなす技術を身につけることでもある。いろんな港にたどり着き、いろんな新しい経験や新しい出会いをし、食べたことのないものを食べたり、空気を吸ったり、無限の可能性を味わうことができる。そんな人生もあるのである。

社会はたしかに、この道、という模範を作っているかもしれない。しかし、歴史を見てみると、**社会が規定したものを鵜呑《うの》みにすることほど危険なことはない**。そもそもメインストリームというのは気まぐれなものだ。

１００年前のメインストリームは、今のメインストリームではまったくなかった。１００年後もそうなるだろう。ならば、チャレンジのしがいはある。

そして成長に終着駅はない、という意識さえ持っていれば、大きな可能性が拓《ひら》けていく。単なる一流ではない、超一流をこそ、目指してほしいのだ。

第三章

社会と向き合う

～不可抗力に逆らわず、可抗力の統制に集中する～

不可抗力に逆らわない

世の中には、自分でコントロールできるものと、できないものがある。おそらく多くの人がその事実に気づいているはずである。ところが、コントロールできない不可抗力に対して、不安や不満を募らせる人は驚くほど多い。

私ははっきりと線引きをしてしまったほうがいいと思っている。**自分でコントロールできない不可抗力には逆らおうとせず、自分でコントロールできる可抗力の統制に集中する**、ということだ。

内面の革命は、まさにその象徴といえる。他者をはじめ、自分の外にあるものは変えられないが、自分の中にあるものは自分でコントロールして、変えていくことができる。

いくら他者を、あるいは周囲や社会を変えようとしても、それは自分のコントロールできない範囲のことであると強く認識するべきなのだ。自分にできることは、コントロールできる可抗力に集中することだ。

例えば、結果についての捉え方もそうである。就職の面接で合否を判定するのは企業である。競技会やコンクール、コンテスト、商談やプレゼンテーションも同様、評価するのは他者なのだ。自分ではどうしようもない。自分にできるのは、その時点にできる最高のパフォーマンスをすることである。結果は自分では決められないのだ。

このあたりの線引きがぼんやりしていると、クヨクヨと思い悩んだり、不安が消えないままになってしまったりする。結果は相手に委ね、自分は限られた時間の中で最善の集中を高めてやっていくことしかない、と気づかなければいけない。

逆にこの線引きができるようになると、結果を過度に意識せず、必要なパフォーマンスに集中できるようになる。結果が出たら、結果を真摯《しんし》に受け止められるようになる。そうすれば、すべての瞬間において、穏やかに過ごせる。余計なプレッシャーにさいなまれることもなくなる。

ただ、年月を経て自分が成長していくにつれて、自分にコントロールできない不可抗力の部分を少しずつ減らしていく意識を持っていくことは必要だ。例えば、いま他者を変えられないとしても、努力を積み重ね、実績を出すことで、自分の説得力は高まり、その結果、他者を変えられる可能性は高まる。

不可抗力に縛られることなく、統制できる領域を増やしていくのだ。それは、運命の女神に委ねる領域を減らしていくことを意味している。いきなり自分の思い通りの人生にすることは難しい。しかしこうして少しずつ、自分らしい人生を形作っていけばいいのである。

普遍的な真実はない。社会的な真実があるだけ

小学校5年生から一人暮らしをし、自分と向き合う機会を持ち続けた私は、ひとつの大きな疑問を持つに至った。それは、**世の中というのは信じるに足るものか**、ということである。世の中を本当に信用していいのか、世の中が語る〝正解〟は本当に正解なのか、と10代から疑いを持っていたのだ。

それが確信に変わったのは、故郷を出て複数の国での生活を経験した後である。世の中には、ひとつの正解などない。それがはっきりわかった。なぜなら、それぞれの国において、同じ問題に対し、導き出された正解がまるで違っていたからである。

世の中の人々は自分の置かれた状況の中で、自分の利害の中で判断をして、正解

や真実というものを創り出しているに過ぎない。**社会的な真実は複数あり、それらが共存しているのが社会なのだ。真実というものは極めて気まぐれで、うさん臭いもの**なのである。

社会学に科学知識の社会学という領域があるが、研究者トーマス・クーンは、『科学革命の構造』（みすず書房）において、パラダイムという概念を提示している。科学知識は科学の真実であり、絶対的な真実だと思われがちだが、その生成プロセスをよくよく見てみると、それがいかに政治的な闘争や社会性に基づいて構築されたものなのかがわかる、と。代表的な例に天動説や地動説を挙げている。

つまり、社会の中で大多数が、あるいは権威のある人たちが決めたものが、その社会の中で真実として受け入れられているのである。それによって社会は動いているということだ。トーマス・クーンの研究対象は自然科学だが、社会科学や政治経済の領域となると、さらにひどい状況だろう。真実というものはひとつではないということが、間違いなく言えるのではないかと思う。それは時代といった時間軸にも依存するし、場所といった空間軸にも依存する。

もちろん「1＋1＝2」というのは、絶対的な真実である。しかし、こうした絶対的な真実というのは、極めて限られている。それ以外の、生きていく中での真実と呼ばれているものは、本当はある意味でかなり危ういものであると理解することが大切である。それはほとんど絶対的な真実ではなく、人為的に構築された社会的な真実に過ぎないからだ。

このことを頭に入れておけば、社会の中で真実と言われているものを自分が鵜呑みにしないという決意が生まれる。メディアで伝わる情報に対しても、批判的に考察することができる。いわゆるメディアリテラシーが身につくのだ。マスメディアで報じられることが必ずしも真実ではないという前提で世の中を見渡すことができれば、問題の真相に目を向けることができるようになる。世の中というのは、それほど単純なものではなく、極めて奥深く、複雑なものだということに気づける。

ただ、世の中の真実はうさん臭い、という理解だけにとどまってしまってはいけない。ここから一歩、踏み出す必要がある。

社会的な真実は複数あり、
それらが共存しているのが社会なのだ。
真実というものは極めて気まぐれで、
うさん臭いものなのである。

説得力によって、社会的な真実を創りあげる

世の中の真実のうさん臭さが理解できたとしても、実際には世の中はそうした社会的な真実によって動かされているという現実がある。つまり、社会的な真実には大きなパワーが潜んでいるということだ。

自分がもし、何事かを成し遂げようとするのであれば、この社会的な真実のパワーを活用せざるを得ない。そこには、人を大きく動かす力が潜んでいるからである。言葉を換えれば、周りを説得する力さえあれば、世の中を動かすことができるようになるのだ。

だからこそ、私が強調したいのは、**社会的な真実の持つうさん臭さを理解すると**

同時に、自らで社会的な真実を構築する力を手に入れることである。それは、自分らしい人生を生き抜くための大きな武器になる。

誰かによって構築された真実ではなく、自らの正義や善、志と一致した自らの真実を構築するのだ。そしてそれはやがて、自己実現にも、社会に対する貢献にもつながっていく。

だからこそ、社会的な真実を創りあげるためには、どんな力量が必要になるのかを、認識しておくことが大切になる。

何より、**周りを説得し、巻き込む力が必要**だ。説得力を生み出すひとつの方法は、自ら設定した目標に対して、努力をして結果を打ち出すことによって、周りから少しずつ得られていく信頼感の獲得に他ならない。まずは、そうした信頼を築き上げることだ。

そして伝える工夫を常に心がける。相手の立場に立って、相手に配慮した上で自分の考えていることを伝えていく。そうした心がけが、結果的に周りの共感を生む。

理解なき批判をしない

　若い時代にしてしまいがちで、しかし絶対にしてはいけないのが、理解なき批判である。相手の声にしっかり耳を傾け、その上で批評することだ。だからこそ心がけたほうがいいのが、**最終的な判断を少し留保すること**である。さらに可能なら、判断のみならずポジティブな要素を加えて返すことを意識する。

　例えば会議で、Aという人がある案を出す。それがいい、悪いという評価をする前に、一度自分の中で受け止めてみる。その上で、この案にプラスアルファの価値を与えたり、もう一段上のアイディアに持っていくにはどうすればいいのかを自分で考え、それをプラスして返していくのだ。こうなれば、会議はより活性化し、生産的なものになっていく。

物事を短絡的に判断せず、相手が言おうとしていることの背後にある、この言葉が発せられた意味を想像しようとすると、より深い理解ができるようになる。その姿勢が相手に伝われば、大きな共感が生まれる。これは信頼の重要な一歩になる。**共感なき賛同には説得力は生まれない**。まずは相手を深く理解するところからスタートし、理解した上で、自分が導きたい最終的なゴールに向けて、相手を導いていく。その道筋を自らいくつか用意して、その都度、軌道修正しながら導いていけたなら、それはベストなステップとなる。

2割話し、8割聞く

コミュニケーションというと、いかに話すか、ということばかりに目が向く印象がある。しかし、相手が何を求めているかを理解せずに、いくら話しかけたところで、そこに共感は生まれない。コミュニケーションでは、話すよりもむしろ聞くことにこそ、力をかけたほうがいい。私はその心がけを、2割話し、8割聞く、と表現している。

相手に耳を傾けることは、相手を深く理解しようとしている姿勢の表れ。自分を理解しようとしてくれている人に対して、嫌な思いを抱く人はまずいない。それは**相手への、好意を示す重要なメッセージ**となる。

とりわけビジネスの現場では、お互い何らかの目的があって会話をするのである。二人が異なる利害を持っているから交渉というものが生まれるわけで、取引の成立とは、お互いがトクをすることができる点に達したことを意味する。どちらかが損をするときには、取引は成立しない。いい取引というのは、お互いの利益が最大化される取引である。

だからこそ重要なのが、**相手の利益の構造を理解しておくこと**だ。自分の利益の構造はわかっている。しかし、相手の利益の構造がわからなければ、お互いにとっての利益の最大化を図ることはできない。

相手が何を望んでいるのか、何を目的としているのか。自分の利益について語る前に、相手の話をよく聞くことだ。その姿勢は間違いなく相手にも伝わる。

これはビジネスの場合に限らずだが、聞くときには、話の内容や言葉だけでなく、醸し出す空気、仕草、目の動きや声のトーンなど、あらゆるところにセンサーを張り巡らせることが大切である。それによって、相手をより深く理解することができる。

信頼に足る人物かどうか、ということも、自分のセンサーをフル稼働させることによって、チェックすることが可能になっていく。

そして、こうしたコミュニケーションの経験を着実に積み重ねていくことだ。そうすれば、ある程度のコミュニケーションのパターンが自分の中に蓄積されていく。

相手が何かを言ったり、接するときに、自分の中でパターンがイメージできれば、よりコミュニケーションはうまくいくようになる。若い時代は、このパターンがまだまだ少ない。だからこそ、たくさんのコミュニケーション、より多様なコミュニケーションを意識することだ。

一方でパターンがたくさん蓄積されていくと、パターンから外れたコミュニケーションが楽しいものになっていく。新しいパターンを自分の中で蓄積できるからである。いずれにしても、コミュニケーションというのは楽しいものである。それは、間違いのないところだ。

残念なことに年配者の方に少なくないのだが、人の話を聞かない人もいる。そういう人に出会うと、幼稚さを感じざるを得ない。だが、それでも耳を傾ける姿勢は大切である。これもまた、パターンにつながるからだ。

逆に、人生を深めてきた年配者の中にも、本当に聞き上手な人もいる。聞く姿勢が、なおも強くあるのだ。こういう人たちとの出会いは、極めて刺激的である。人としての大きさや深さを実感する。うまく話を聞いてもらえるだけに、話しているほうの緊張感も高まる。これはとても勉強になる。若い人たちには、大事にしなければいけない出会いである。

空気を破る——自分は独立した存在であることを示すために

空気を読めない人、読まない人の存在が、日本でも一時、話題になったことがある。実際、社会生活を営む上では、空気を読むことは極めて重要である。空気を読まないということは、他者を理解しようとしない、他者を拒否する、ということにもつながりかねないからである。

しかし、**読むべき空気と、読んではいけない空気がある**のも、また事実である。だからこそ私は、あえて破っていい空気もあると確信している。それこそ8割は空気を読む。しかし、残り2割については、空気を読むことに懐疑的になるのである。

なぜなら**空気というのは、いろんな人たちが出すオーラの結晶**としてあるものだからだ。だからこそそれなりにリスペクトするに足るものもある一方で、自分の感覚としては微妙に違和感を持つことも間違いなくあるはずなのである。何かが違うな、と感じる。自分のモノサシとは微妙にずれる。

そういうときに大事になるのが、そこで**しっかり声を出すこと**である。自分は同意をできない、していない、と意思表示をするのだ。出すことによって、場合によっては権威や大勢を敵に回すことになるかもしれない。しかし、出すべきときには、確固たる決意を持って出していく必要があるのだ。

それをしなければ、自分の本意でないところで自分が形作られていってしまう。他者のモノサシによって、自分の人生がどんどん流されていってしまうのだ。そして、いつの間にか、自分の人生は他人のモノサシに取って代わられる。

実際、問題意識を持って生きてきた人間の感性というのは、意外に鋭いものである。おかしいと感じたことは、本当におかしいことだったりする。実際、私も経験があるのだが、思い切って声を上げてみると、思わぬ共感の声や援軍が現れたりするものである。実は多くの人が、同じように違和感を持っていたということだ。

だが、多くの場合は、声を上げたくても上げられない空気が漂っているものである。権威であったり、人数であったり、固定観念であったり。しかし、その空気が破れた瞬間、新しい景色が広がっていく。多くの人たちが本音を言える環境が作られるようになる。

空気を破るときには、もしかすると白い目で見られるかもしれない、変人扱いされるかもしれないと感じるかもしれないが、結果的にそうなったとしても、自分を信じることだ。自分が本当にその信念を持っていたとしたら、周りの目など意識せずに声を出し、行動すべきである。

もし、自分の判断が未熟で、それが失敗に終わったとしても、空気を破ろうとしたという事実は残る。そこには学びの材料が生まれるし、自信も生まれるのだ。

常識を疑い、前提を疑う

常識や前提というのは、時に極めてありがたいものである。なぜなら、自分で物事について考えなくて済むからだ。これこれはこういうもの。そう信じてしまえば、本当にそうなのかを自分で試すことなく、面倒な経験をすることなく、受け入れてしまうことができる。

しかし、こうした**物事を鵜呑みにする行為は、ある意味では自分を放棄する行為**だと私は認識している。その場の空気についても、鵜呑みにする危険性が潜んでいるわけだが、それ以上に危険なのが、常識や前提なのである。

たとえ世の中で常識や前提と言われていたとしても、一度自分の中でしっかり吟味し、消化してみる必要がある。それは本当に信頼に足るものか。受け入れてもよいものか。しっかり検討してから、判断を下すことが重要だ。なぜなら常識や前提も、これまた極めていい加減でうさん臭いものだからである。

常識や前提も真実と同じであり、極めて社会的なもの、政治的なものだからだ。時間軸や空間軸にも依存している。そもそも100年前の常識は、今の常識にはならない。アメリカの常識が、必ずしも日本の常識ではない。その程度のものなのである。

そのときどきの社会の人々の多数決や権威によって、恣意《しい》的に作られたものでしかない。それが、常識や前提だ。天から降ってきた真理などではない。このことをしっかり認識しておく必要がある。

まずは、本当にそれは信じられるのか、自分自身に問うてみることだ。鵜呑みにすることなく、自分の中で冷静にじっくりフィルタリングする。もちろん、認められるなら、受け入れてもいい。

しかしもし、それが自分に合わない、受け入れられないとなれば、大勢とは逆に行く勇気を持つ必要がある。間違っているという意思表示をし、賛同する人たちを巻き込み、正しい方向へと変えていく。そんな変化の起点になるくらいの意識を持ってほしい。**社会を変えるのは大衆ではない。個人なのである。**その変革の起点に自分がなるよう、力をつけていくことである。

人生は一度しかない。人生を進めていく上で間違った判断を自らに下してしまわないためにも、そうした行動の裏付けとしての実力を高める努力をすることが大切になるのだ。

むやみに自己主張はしない

自分の問題意識を大切にし、空気や常識や前提について鵜呑みにしないことは、極めて大事なことであるのは間違いない。だが、ひとつ注意しなければならないことがある。それは、**むやみやたらに自己主張をすることは、決して褒められることではない**、ということである。

重要なことは、自分の意志や主張を通すべきときには、どうしても通したいときにこそ通す、ということ。すべての場面において自分の思いが叶うわけではない。それが世の中の現実である。

そうであるならば、自分の中で優先順位の低いものは、たとえ多少、納得がいかなかったとしても、受け入れていく必要がある。自分らしい生き方に大した影響を与えないようなものには、それほど注意は払わない、ということだ。

もしここで、あらゆることに関して、自分の意には沿わない、と反旗を翻《ひるがえ》していたら、どういうことになるだろうか。それは間違いなく人々には受け入れられないだろう。ただ単に、わがままな人間だ、というレッテルすら貼られてしまうかもしれない。そして肝心な、本当にこれだけはどうしても通したい、というものが出てきたとき、認められなくなってしまう可能性が出てくる。

自己主張をあまりにし過ぎると、人間に軽さが生まれてしまう。言葉にも重みは出ない。存在としての希少性も薄れる。逆に、希少性や重みを演出するためにも、むしろ普段は静かにしている、というのが私の考え方である。本当に自己主張をしたときに、周りが聞く耳を持つために、むやみやたらに自己主張をしないのである。

だからこそ、**重要になってくるのが、自分は何を主張したいのか、という優先順位をしっかり考えておくこと**だ。これを考えていないと、あれやこれやと主張してしまうことになりかねない。実際のところ、どうでもいいことを主張する人たちが、あまりに多い。

自分を大きく見せようという発言や主張も多い。誰それを知っている、こんなことを知っている……。そういう発言をすればするほど、むしろ自分を小さく見せていることに気づかなければいけない。問われているのは、実は本質だけなのである。

本質を語る人は、絶対にそういうことはしない。人脈を誇ったり、知を見せびらかしたりすることはない。無駄な話もしない。自己主張をむやみにする人は、周りには魅力的に映らない。それが現実であることを知っておいたほうがいい。

多元的に物事を見る機会を作れ

社会に広がる物事を鵜呑みにしてしまう要因のひとつに、多元的な見方ができていない、ということが挙げられる。物事をひとつの方向からしか見ることができないのだ。メディアが報じていることだけを見ていては、見えてこないことがたくさんあることに気づかねばならない。実は**多元的な価値を持つことこそ、物事を正しく見る目を養い、自己防衛力を高めることにつながっていく**。

キムゼミでは、年に3、4回、「全員プレゼン」というものを実施している。これは、何かのテーマを決めて、全員が異なる切り口で3分間、そのテーマについてプレゼンをする、というものだ。

例えば、ヨーロッパの経済危機をテーマとする。新聞に出ていることや、インターネットのニュースに載っているような解説は、あえて除外する。自分なりに関心のある切り口、しかも他のゼミ生とは重ならない切り口を見つけるのである。それこそ、ヨーロッパの経済危機がテーマなのに、内定取り消しから町工場や福澤諭吉まで、様々なユニークな切り口で20人が素晴らしいプレゼンをしてくれた。

結果的に、ゼミ生の20人は自分が独自の切り口でプレゼンをするだけでなく、他のゼミ生のプレゼンを聞くことによって、メディアには掲載されていない、ヨーロッパの経済危機についての20個の新しい視点を手に入れることができたのである。ひとつの問題に対し、多元的な視点で捉えることができたわけだ。

こうなると、例えばテレビで解説者がヨーロッパの経済危機について解説していたとしても、そういう側面もあるが、違う側面についても自分は知っている、という認識ができるようになる。自分の観点を多角的、多元的に持つと、ある人の発言も異なる側面から見ていくことができる。他者を理解する能力も高まると同時に、他者と自分との問題の捉え方の違いも理解することができるのだ。

今や知識やデータはいくらでもインターネットで探せる時代になっている。問われているのは、デジタルの力ではなく、むしろアナログの力なのだ。自分自身の物事の捉え方や、情報の料理の仕方である。

例えばプラモデルのような、マニュアルを見ていかに速く完璧に作るか、が問われているのではない。レゴブロックのように、自分なりの形というものを自分の中でイマジネーションを駆使して組み立てる力が問われているのだ。そのイマジネーション力を高めてくれるのが、多元的な視点に他ならない。

多元的にメディアを使うのもよし、異なる世代の人々から意見を聞くのもよし。多元的に情報に接する意識を持つことだ。それは、物事を鵜呑みにしないだけでなく、自分だけの物事の捉え方やイマジネーションを養う上で、大いに役立つ。

見えないものを見て、聴こえないものを聴く

インターネットで検索して調べられるような情報の重要性は、どんどん低くなっている。誰でもアクセスができる情報だからだ。社会的に見れば、希少性が高いも

のほど、価値は高まる。インターネットによって、情報はその価値をどんどん減じている。

逆に、デジタルのインターネットでは見られない情報の価値は、どんどん高まっている。例えば、これも先に書いたアナログの持っている力であり、情報である。実際、人は日々、様々なものを見聞きしているが、さてどこまで本当に見えていたり、聴けていたりするのだろうか。そこにこそ、アナログの可能性は潜んでいる。

人と対峙《たいじ》していたとしても、見た目にばかり、表面的なところにしか目を向けられない人もいる。しかし一方で、表面的なところからは見えない、もっと奥にあるオーラのようなもの、人間としての本質を感じ取れる人もいる。では、その違いはどこにあるのか。私には、**見えないものを見ようとしているかどうか、という意識**こそが、その違いを生んでいるように思える。

実際、見えないものを見ようとし、聴こえないものを聴こうとしている人たちには、それが見え、聴こえるのだ。そしてそれは、デジタルの世界では絶対に手に入らない情報なのである。

これだけ情報が広がったインターネット時代には、外からは見えないものや聴こえないものにこそ、本質があり、真実があり、価値が潜んでいる。

だからこそ、意識して育てていかなければいけないのが、**見えないものを見て、聴こえないものを聴こうとする力**だ。その有無が、これからの社会を生きていく上では、極めて重要になっていく。

しかし、見えないものを見て、聴こえないものを聴く力は、心がけて意識しなければ、永遠に得られない。永遠に見えないし、永遠に聴こえない。

もちろん今の段階では、見えないし、聴こえないだろう。まず重要なことは、その事実に気づくことである。そこに気づくことができれば、初めてその力を意識することができる。そして、見よう、聴こうと、常にイメージしながら行動することだ。そうすれば、いつかある日、自分に起きた変化に気づける。

誰も見たことのない地図へと塗り替えよ

かつて分類というものについて研究したことがある。知識についての政治性に興味があった私は、先にも書いたように真実は本当は真実ではないのではないか、と感覚的に認識することになった。ところが面白いことに、すでに構築されている真実を無意識的に受け入れると、それはそれなりに心地よいものになるのである。

同様に、無意識に受け入れると極めて便利な分類というものも、非常に政治的なものであり、社会的に構築されているのではないか、という仮説を持った。実際、**分類の存在は、人々の思考構造を固定化させる力を持つ**。国籍もそうであり、業界もそうであり、ベジタリアンなどの嗜好もそうだ。

こうした分類でくくられた瞬間に、人間の頭は構造化されてしまうのだ。そしてその瞬間に、設定された分類を超えた新しい思考をすることが難しくなっていくのである。

だからこそ意識しなければならないのは、**社会にある分類は、実は自分の力で超えられる**、ということだ。分類のうさん臭さに気づき、分類に基づいてできている境界を疑ってかかるのである。これらは何らかの意図をもとに人工的に作られたものので、鵜呑みにすべきものではないと常に考えるのだ。

こうして私は、そこにある分類を壊し、再定義することこそが、当たり前の思考を超える方法であり、新しい価値を生み出す方法だと気がついた。

真実と同様に、社会が作った分類を受け入れることは、心地よくて楽なことである。それを一度壊すことは思考の混乱につながる。しかし、そうすることによって、自分の力を高めていくことができるのだ。自分の力で分類を作り直す必要が出てくるからである。

こうしたプロセスをイメージとして捉えたとき、私の中に浮かんだのが、地図だった。地図には、すでに引かれている国境がある。しかし、国境がもしなかったとすれば、ただ陸と海でくくれればいい。

思考をここからスタートさせるのだ。すでに国境が定められた地図ではなく、**国境のない地図から、どう自分なりの地図を創っていくか**。それこそ、その中でどう自分の国を創っていくか。そんな地図創りこそが、人生という旅なのではないかと私は思った。

自分の思考に、最初から制限を持たせてはいけない。それは人生に制限を設けることと同じである。必要なのは、誰も見たことがない地図を創ろうとすることだ。

社会にある分類は、自分の力で超えられる。
誰も見たことのない地図へと塗り替えよ。

第四章

他者と向き合う

～絶対不可侵領域を持った自己を育てる～

他者の目を気にしない。評価を過大評価しない

人生のある瞬間に、私は重大なことに気がついた。自分を信じる力を最も阻害するのは、実は他者の目だ、ということである。他者の目を気にすればするほど、自分を信じる力は減じていく。他人のモノサシで自分を見つめ、自分を責めていくようなことばかりになっていく。逆に他者からの評価を気にしない度合いが大きくなればなるほど、自分を信じる力が大きくなっていく。

もちろん自分の未熟さを認めることは、とても大切なことだ。しかし、そこに他者の視点を入れると、未熟さは不安となり、恐怖にまでなる。本来は、自分自身の未熟さと向き合わなければいけないはずが、気がつけば他者の目と向き合っている

自分に気がつくことになるのである。これでは、とても自分の強さになど、つなげることはできない。

だからこそ、**まずは、他者の目を排除することが重要**だ。そうすることによって、自分を信じる力が大きくなる。**その上で、自分の未熟さと向き合う**。自分を信じながらも、自分の未熟さを知る。それこそが、自分を強くしていく第一歩になると私は考える。

実際、他者の目を気にしないという決意が強ければ強いほど、それが実践できればできるほど、自分を信じる力は増えていく。自分のモノサシしかなくなるからだ。自分を信じるしかなくなるのである。

実際のところ、我々が抱えている不安や悩みの8割はまだ起きてもいないことに対するものであり、その8割は内面的な省察を積み重ねることによって、日々の生活の中で〝魂〟の浄化に努めることによって、消えていくものである。それを起きるかもしれないという不安を持ってしまうのは、家族なり、友人なり、先生なり、他者の目を気にしているからなのだ。実は不安のほとんどは、人間関係から生まれているのだ。

だからこそ私が伝えたいのが、向き合う相手を変えることである。**8割の社会や他者、家族などの外に向けている視点やアテンションを、自分に向ける**のだ。これまでは2割しか向けていなかった自分への視点やアテンションを、8割にするのである。

その代わり、8割向けていた他者や社会への視点やアテンションを2割にまで落とす。ある瞬間に決意をして、意識して逆転させていく。そうすれば、自分が考えていることは、ほとんどが自分の中の問題として受け止めることができる。他者や外の環境に振り回されない確固たる自分の核を作ることができる。

そもそも他者の評価はそれほど優《すぐ》れたものなのだろうか。バッハやゴッホなどの優れた芸術家たちも、彼らが生きている間にはほとんど評価されなかった。他者の評価とは、その程度のものでしかないのだ。

同様に、たとえ周りから評価してもらっているからといって、自分を過大評価するべきではない。過信をしないことだ。できれば、意識もしないほうがいい。そのくらいの感覚でいてちょうどいいと私は考える。

実際、他者の評価を意識するようになると、他者から評価されるための言動をするようになっていく。短期的にはそれは評価につながるかもしれないが、長期的にはそれは相手に合わせた自分を作ってしまうことに他ならない。それは、自分らしい人生を送りたいと考え、成長させようとしている自分には、実はネガティブなものとなる。評価は自分でこそ、すべきなのだ。

人間は褒められるとうれしい生き物であることは間違いない。評価を気持ちよく受け入れる瞬間があってもいい。しかし、過大に意識しないこと。他者の評価とは、バランスよく付き合うことである。

8割向けていた他者や社会への
視点やアテンションを2割に落とす。
自分への視点やアテンションを8割にする。

事前許可なしで動ける人間であれ

何かの行動を起こすときに事前許可を得る。それは、ある意味では権威に対するリスペクトの象徴でもある。しかし、ある意味では責任転嫁でもある。上司に事前許可を得れば、責任は上司にも発生することになる。したがって、自己責任を持てないときに、事前許可を得たくなるのが人間だ。自分では責任を取れないのではないか、という怯えから、事前許可という行動は生まれるのである。

もちろん、すべての行動を事前許可を得ないでする、ということは、特に社会に出た後の組織においては難しいことになる。しかし、自分が責任を負える、あるいは本当に信じていること、正しいと思うことについては、できるだけ事前許可を得ずに行動してみることを私は勧めたい。たとえ、それがマニュアルに反するものであったとしても、である。

なぜか。自分で実践をしてみようという意識を持った人間こそが、自ら問題を発見し、設定でき、問題を解決できるからだ。言葉を換えれば、クリエイティブな人材である。創造的な人間は、果たして事前許可を好むだろうか。

アメリカでは、例えばインターネットの政策を行う際に重視してきたことがある。「innovation without permission」である。まずは規制ありき、ではなく、まずはイノベーションありき、で発想するのだ。その後で、規制や禁止項目を決めていく。

クリエイティブなものは、事前許可なしに生まれていくものだからだ。新しいもの、クリエイティブなものは、事前許可のある環境からは生まれ得ないのである。それをアメリカはよくわかっている。だから、クリエイティブなものが次々と生まれていくのである。

そしてもうひとつ、組織に所属する立場であれば、二律背反に感じることかもしれないが、上司からしてみると、事前許可は取ってほしいときと、取ってほしくないときがあるのだ。もちろん、これだけは絶対に許可を取ってほしい、と思えるときもある。しかし、そうでないときもある。

後者の場合、事前許可を取ろうとすると、上司はどう思うか。こいつはいつまでも仕事を任せられない、ということになる。こんなに経験を積んだのに、まだ事前許可を求めてくるのか、ということになる。上司には、媚びているようにすら、映る。

だからこそ、事前許可なしで動ける人間であれ、という意識が重要になる。必要なときには許可を取るが、これなら自分でも大丈夫だ、と思えるときには事前許可なしで動く。そしてうまくいけば、ひとつ信頼を得ることができ、仕事を任せてもらえるようになる。こうして少しずつ、事前許可なしで行動できる範囲を広げていくのだ。

そのためにも、まずは自分自身の中で、**事前許可なしで動いてもいいと思えるほどの気概を、内面に確立すること**が重要になるのである。それが確立しうるほどの自分の実力を、早く身につけよう、という意識を持つことである。

クリエイティブなものは、
事前許可なしに生まれる。
事前許可なしで動ける人間であれ。

言葉は、量ではなく重さで勝負せよ

誰かに何かを伝えようとしたり、説得しようとするときに、言葉には量が必要になると思い込んでいる人がいる。しかし、ひたすら言葉を発し続けたところで、相手に伝わりやすくなったり、説得力が増すとは限らない。むしろそれは、逆効果になることのほうが少なくない。ずっとしゃべり続けられても、ほとんど印象に残っていないこともあるのだ。話すスピードに思考のスピードが追い付いていないからだ。

逆に、わずかなフレーズを言われただけで、強く印象に残った、という経験は多くの人にある。言葉は量ではないのだ。重さが重要なのである。

そのためにも意識するべきは、**誰かが語れる話はできるだけしない**、ということだろう。これは私自身が強く意識していることでもある。例えば会議などでも、これは他の人でも話ができそうだ、と思えることは自分からは話さない。

プレゼンテーションでも、誰かにできそうな話はできるだけ削除していく。自分にしかできない内容に削り落とすよう意識する。そうすることによって、量ではなく、重さで勝負する準備ができるようになる。

もうひとつは、**ポイントを明快にする**ということだ。自分に「What's your point?」と常に投げかける。これを意識することで、ダラダラと話だけが進んでいって、結局、何が言いたかったのかがわからない、ということが防げる。

プレゼンテーションにしても、結論がはっきりしないままに準備を進めると、本当に伝えたいことは伝わらず、本質的ではないことだけが伝わってしまう。これでは、話を聞く相手に対して失礼なことだ。

若い人は、どうやら沈黙が大いなる不安なようである。だから、ひとまずしゃべり出してしまう。結論が決まっていないのに、言葉だけが走り出すと話はどんどん脱線していく。話してしまったことを正当化するために、別の関係のない話までしなければいけないような悪循環に陥る。

こんなことにならないためにも、**話したいことがはっきりしていないときには、人間は沈黙すべきである**。話したい内容がないときは、話し始めてはいけない。こうしたコミュニケーションを繰り返していると、残念ながら相手からの信頼を失う。

沈黙を恐れてはいけない。時に、沈黙が必要なときもある。自分の存在意義を提示できないようなときは、沈黙していたほうがいい場合も少なくない。

また、ビジネスの交渉などでは、沈黙が1万の言葉よりも有効なときもある。話さないことで説得する。そんな場面は世の中にはいくらでもあることを知っておいてほしい。

時には戦略的に取り込まれる

他人のモノサシではなく、自分のモノサシで生きていく。他者の目を気にするのではなく、自分自身の内面にこそ目を向ける。自分を信じ、それができるに足るよう自分を磨く。その重要性について書いてきたが、時にはあえて他者に取り込まれてしまう、ということも意味を持つ。

ここで重要なのは、自分の意志を持った中で取り込まれるのと、意志を持たないまま取り込まれるのとでは、大きく違うということである。そして**取り込まれるべきときというのは、より大きな目的のためにそれが必要だと感じたとき**だ。それこそ、戦略的に取り込まれればいいのである。

例えば、明らかに自分より実績のある人たちが目の前に他者として存在しているとき。取り込まれることは、大きな学びになり、相手へのリスペクトの表れにもなる。

自分のモノサシが完璧であれば問題はないが、若い時代にはそうはいかない。もっと改善する余地があったり、ここなら学べると感じられたときには、取り込まれてみるのも、自分を成長させ、自分を強くするひとつの方法となる。

他者に対して、しっかりとした自分を持つことは大事だが、すべてにおいて譲れない硬直さを持った人間は、周りからは付き合いづらい人間に映る。

自分を持ちながらも、同時に柔軟性を持つことも重要である。そうであれば、周りからは緊張感を持った形で接してもらうことができる。

群れから離れる

例えば、大学時代の友人たち。会社の同期や同僚たち。〝群れ〟の中にいると、どんどん居心地がよくなっていく。しかし、これは私の経験上もそうだったのだが、群れの中にいればいるほど、自分の内面は弱くなっていくのだ。自立心は削がれ、妥協の気持ちが大きくなり、甘えるようになる。自分がどんどん失われていく。

居心地のよさを群れの中で自覚したなら、そこから距離を置く意識を持つことだ。あえて孤独になり、一人ぼっちになることである。そうすることによって、このままでは大変なことになるという危機感や緊張惑が生まれてくる。

群れから離れるというのは、自分の中で緊張感を高め、危機感を生むための戦術である。自分が一人で独立し、自立した形で生きていくための条件である。

まずは、意識レベルで群れから自分を切り離すことだ。どうでもいい飲み会などには、行かない。行くことによって安心する自分を、弱い自分として認める。危機感と緊張感を自分で作り出してみる。

しかし、よくよく考えてみれば、自分が関わっている群れというものが、極めて小さな話であることにも気づける。たかだか数十人、数百人の群れなのである。日本の人口は何人か。アジアの人口は、世界の人口はどうか。そこから見れば、吹けば飛ぶような群れなのだ。むしろ、群れの中で気持ちよく安住しているほうが、大きな世界から見てみれば余程、リスキーなことかもしれないということに、早く気づいたほうがいい。

だからこそ私はよく、若い人に言う。周りと同じような意見を持っているときには、安心するのではなく、むしろ危機感を覚えなさい、と。本当にそれでいいのかどうか。群れの中ではスタンダードでも、大きな世界ではどうか。小さな群れの中にいることによって、発想力が削がれてしまっているのではないか、と。

実は自ら群れを出る勇気を持つと、新たな人との関わりが大きな喜びになっていくものである。人と出会ったり関わったりする喜びは、群れを出ることによって、むしろ大きくなっていくのだ。群れの中の一員としてではなく、自立した一人の個としての関わりを実感できるからである。

群れを離れるといっても、他者に対して排他的になるわけではない。自分と向き合う時間を作り、自分というものをよりしっかりと創りあげていく。そして誰に対しても媚びずに、対等な関係を築き上げることを心掛けるべきである。

居心地のよさを群れの中で自覚したなら、
そこから距離を置く意識を持つ。

枠から意識的にはみ出す勇気を持つ

これは特に日本人にそういう傾向が強いのかもしれないが、群れの中にいることが当たり前だと思い込んでいる人が多い。もっと大きな枠組みで、組織や企業といった枠もそうである。しかも、その枠は極めて限定的なものになっている。枠は最初からあるもので、なくてはならないものと思っている人は多い。そして、人々にとっての心地よい枠の選択肢は少ない。

それが結果的にどういうことを引き起こすのかというと、新しい枠を発見したり、枠を超えて移動したり、場合によっては枠を自分で創りあげたりする意識が、希薄になるのである。すでにある居場所にばかりこだわり、枠を制限するのだ。

しかし、これは危険である。世界が広がらないからである。他の選択肢を増やせないからである。選択肢がひとつしかない人生は、実は危ないことだ。

だからこそ、リスクを回避するためにも、枠から意識的にはみ出す勇気を持ったほうがいい。一気にはみ出していくことは難しいから、日常の中で徐々にはみ出す練習をしていく。そういう意識を持っておいたほうがいい。

そもそも枠は所与《しょよ》でも、ひとつでもないのだ。実は**枠は、構築可能なもので、潜在的に無限なものなのだ。**

自分だけの山を見つける

日本の学歴エリートの特徴は、与えられたテーマに対して、早く、効率的に、正しい答えを導き出すという点で、極めて優れているということだと私は感じている。しかし、社会に出てからも、同じようなやり方をしてしまうケースが多い。与えられる目標や仕事を、黙々とこなしていってしまうのである。

自分が成功するためには、それこそが最善の道であると疑わない人たちがたくさんいるのだ。言ってみれば、決められた山を、社会に出てからも求め、登り、競争しようとしているのだ。

しかし、社会において山はひとつではない。そして、与えられる山だけが、山なのではない。実際、**創造的な人材は、自ら山を見つけ、その山を登っていく**。一番高い山をみんなで競争しながら登るということではなく、自分の山を見つけて登るのだ。それは、社会に新しい価値を生む可能性を呼び込む。

自分なりの人生を生きるというとき、果たしてどちらの山が、登るべき山だろうか。自分だけの人生の軌跡を描き、経路を作るには、どちらが有効だろうか。そして今の時代には、どちらの山が求められているのだろうか。


実際には、社会に出たら、人生における山をいかにうまく自分で見つけられるか、というところから勝負は始まると私は考えている。みんなと同じ高い山を登ることには、創造性が求められる今の時代、もはや大した意味はない。なぜならそれは、所詮すでにある山だからだ。むしろ、**誰も登ったことのない山を見つけ、登ることこそが今は求められているし、挑戦しがいのある山**なのだ。

そして登る自分も、自分の山を見つけた瞬間に、たいへんなモチベーションがわき出てくる。自分一人であっても、孤独であっても、黙々と登っていきたいと思える。そう信じることができる山を見つけることこそ、重要なのである。

その意味では、学歴エリートや、挫折も失敗もせずに順調に歩んできた人のほうが、実は落とし穴に陥りやすい。世の中を測るのは、同じ高さの山を登ることだと今なお思い込んでいるからである。

エリートは、実はある意味で不利であり、不幸なのだ。築き上げたものがあり、過去にみんなで競う高い山登りに成功体験があり、山を降りたこともない。だから、他の選択肢が思い浮かべられないのである。

一方で、**幸運なことに挫折を経験し失敗をしてきた人は、ここで大きなチャンスに遭遇する**。ある意味で背負うものもなく、潔く自分の山を見つけることができるからである。実際、過去を見れば、学歴エリートでない人や、大きな挫折感を経験したことのある人のほうが、ずっと自分らしい人生を生き、人生に成功しているケースは多い。

つまり、中途半端な努力で、中途半端な偶然が積み重なって、中途半端な幸運に基づいて成功するより、自分で一生懸命苦悩して、努力して、それで失敗したほうが、長期的には自分の人生のためになるのだ。そして、周りの気まぐれな視線というものに振り回されなくなる。

これまで、誰かに与えられた山をうまく登ってこられなかったという人も、もう心配することはない。これからは、自分の山を見つけて登ればいいのだから。むしろここからが、人生の本当の勝負なのだ。自分で主体的に考えて、自分で主体的に選択をするという生き方ができれば、人生は必ず豊かになり、常に成長が続く幸せなものになるはずである。

第五章

仕事と向き合う

～超ガラパゴス人材になる～

代替不可能な自分を創りあげる

産業革命以来の近代化の歴史は、機械による人間の代替化の歴史でもあった。機械の登場によって、人間の労働は機械に取って代わられ、その結果として産業は飛躍的に発展した。

情報化の時代には、コンピュータが人間に取って代わるようになった。情報の処理はコンピュータの役割となり、様々な分野で自動化が進み、産業はさらに飛躍するに至った。しかし、この過程でコンピュータは多くの人間の職を奪っていった。

そして現代は、また新たな時代に入っている。**人間が人間に取って代わられる時代**なのだ。グローバル経済の時代を迎え、ブルーカラーのみならず、ホワイトカラーの労働までもが国境を越えるようになった。日本人と同じ仕事をする人材がインドに行けば10分の1の賃金で雇用できてしまう。これが現実になりつつあるのだ。

これまでは工場のアウトソーシングを中心に進められてきたグローバル化だが、ビジネスの世界で国境がますます低くなっていく今後は、サービスや人材に関しても本格的なグローバル化の時代に向かうことになる。賃金の高い日本人が、はるかに低賃金の外国人によって取って代わられる可能性が高まるということだ。グローバルでも競争力を持てる人材でなければ、職を失う危険が出てくる。

この時代に意識しなければならないこと。それは、**代替されない自分を創りあげること**に他ならない。中国のビジネスパーソンによっても、インドのビジネスパーソンによっても代替されない人材になる必要があるということだ。さらにいえば、日本国内においても、他の日本人ビジネスパーソンに代替されない自分を創りあげていく必要がある。

そのためにもすべてにおいて、自分の存在意義を意識することだ。何が自分の存在意義で、どうすれば自分の存在意義を高められるのか。それを認識しながら、仕事に取り組んでいかなければならない。

そのためにも重要になるのが、まずは現状、自分を取り巻く環境を理解することである。周りがしっかり見えていなければ、周りと自分が違うのか、同じなのかすらわからない。グローバル経済がどうなっているのか、企業はどんな立場に置かれているか、中国やインドのビジネスパーソンたちの状況はどうか、日本人ビジネスパーソンは何を考え、マネジメントは何を求めているのか……。そういった情報にもしっかりアンテナを張ることが求められる。

さらに今の状況のみならず、これからの時代の流れ、日本の国の流れ、自分が所属している組織の流れにも意識を巡らせておく必要がある。新しい時代を先導する人材には何が求められ、それを身につけるにはどうすればよいか。未来における代替不可能な人材とはどのようなものか。それを意識しながら日々を過ごしていくのと、そうでないのとでは、10年後に途方もない差がついていくことになる。

理想は、時代の流れや社会、組織の向かう方向と、自分の向かう方向が、完全に一直線に並ぶような人生をイメージすることである。自分がやろうとすることが、自分の利益になるばかりでなく、組織の利益になり、社会の利益になり、日本の、さらには世界の利益になるような未来を創り出すことができれば、大きな存在意義が生まれる。

やりたいことをやろうとすることも大切だ。しかし、それが社会に、未来に求められているかどうか、シビアに見つめておく必要がある。代替不可能な自分でなければ、それはいつでも誰かに取って代わられてしまう時代が来ているからだ。

逆に代替不可能であるならば、それをどんどん進化させることだ。日本の携帯電話が、世界に比べて圧倒的な進化を遂げてしまったことをガラパゴス化と揶揄《やゆ》されたが、目指すは超ガラパゴス化でいい。問題は、日本独自ということにあるのではなく、その価値を世界市場に認めさせることができなかったということである。独自性というのは必要要件で、それを広げるための説得力のあるストーリーをデザインできるかどうかが、これからの創造性が重視される社会では必要な能力なのである。

社会を知らずに仕事を選んでいることに気づけ

社会人をスタートさせるときには、いろんな思いがあるはずだ。就職活動に成功して第一志望の会社に入ることができた人。一方で、こんなはずではなかった、という思いを抱いて会社に入っていく人。それは、ひとつの現実だと思う。

しかし、認識しておかなければいけないことがある。それは、学生の就職活動は、社会を知らないままに行われているということだ。社会に出たことがないのに、業界や企業を選ばなければならなかった。残念ながら、社会についてはわかっていないのだ。それは認めなければいけない。

そしてもうひとつは、自分自身について、まだわかっていないということである。就職活動で、自己分析はしたかもしれない。しかし、社会に出て、実際に働いた経験はない。ある仕事をしたときに、本当の自分がどんな反応をするのか、実はまったくわかっていなかったのだ。想像をはるかに超えた状況だって起こりうるわけである。

この2つの前提をしっかり受け止められれば、学生時代の就職活動は、本当の意味では就職活動ではなかったことに気づけるはずである。社会も、そして自分もよくわからないままに選んだのが、今の会社であり、今の仕事なのだ。

だからこそ、**本当の就職活動を、社会に出てから5年後にすべきである**と私は考えている。社会を知り、自分を知ってから、本当の就職先を見つけるのだ。そうすることで、より自分の適性に合う仕事に出合うことができる。本当の就職活動とは、就職してから5年目にあると考えたほうがいいのである。

そうであるならば、とても大事なことは、**本当に働きたいところ、本当に就きたい仕事に就けるような力量を5年後までに身につけていくこと**だ。実のところ就職活動では、この力量がつけられる会社にこそ、入るべきだと私は考えている。もし、これから就職活動を迎える人は、意識しておくといい。

5年後、世の中がわかり、自分が見えてきたときに、どこにでも行ける。そして、そんな自分を確立させるために、最も有効に過ごせるような会社を選ぶ。

そしてひとつ言えることは、**就職活動で不本意な結果が出てしまったとしても、悔やんだりする必要はまったくない**ということである。5年後に訪れる本番に向け、割り切って準備を進めていければよいのだ。今度は本当に社会を知り、自分を知ってから、就職活動ができるのだ。その5年後の就職活動こそが、本当の勝負なのである。

そして今、条件がいい会社にいることが、すなわち自分に合った会社であるというわけではないということにも気づいておく必要がある。そこでどこまで自分にシビアに向き合えるか。それがこれからの職業人生を決めていく。人生は、生きている限り続くのだから、焦らず自分を信じて突き進んでいけばよいのだ。

本当の就職活動を、社会に出てから
5年後にすべきである。
就職活動で不本意な結果が
出てしまったとしても、
悔やんだりする必要はまったくない。

常に経営者的な意識を持つ

社会に出たら、自分の思い通りにならないことが山のように出てくる。与えられた仕事に不満を持ち、上司の発言に不満を持ち、先輩の態度に不満を持つ。いろんな不満が押し寄せて、押しつぶされそうになる人もいる。

それは当たり前のことだと思わなければいけない。なぜなら、自分は会社の全権を握る経営者ではないからだ。もし自分が会社の経営者なら、いろいろなものを自分の思い通りに動かすことができる。やりたい仕事だけをやっていられるかもしれない。しかし、残念ながら今はそうではないのだ。自分は経営者ではない、ということを受け入れなければならない。まだまだ能力も実績も足りない、ということである。

逆にいえば、**本当に自分の理想とする仕事を目指したいのであれば、経営者になれるほどの力を手に入れる必要がある、**ということだ。その瞬間、会社を辞めて、自分の事業を自分で立ち上げられるほどの力をつけなければならないということなのである。

目標に据えるべきは、必ずしも、その会社で経営者になる、ということではない。どんな会社であっても、常に経営者的な意識を持ち、経営ができるほどの力を身につけるということだ。

そうであれば、やらなければいけないことが山のようにあることに気づける。事業を運営する能力のみならず、他者を動かす人間的な魅力を磨かなければいけないこともわかる。特定の仕事だけにこだわるのではなく、常に広い視野、すなわち大局観を持つ必要があることも認識できる。

媚びない人生を送るためには、選択肢を増やすことが重要なのだ。もしかすると職を失うかもしれない、という怯えが、媚びを生む。媚びた瞬間から、無意識のうちに会社に取り込まれることになる。自分が望むような人生を、自ら手綱《たづな》を引いて推し進めることが、できなくなる可能性があるのだ。

しかし、経営ができるほどの力をつけておけばどうか。いつ職を追われても、自ら事業を立ち上げたり、他社で貢献できるような力がついていたならばどうか。そうした怯えとは無縁に、自分の送りたい人生を目指すことができるのである。もちろん、そういう力が簡単に身につくわけではないが、そういう状態を目指し、日々努力を積み重ねていく気概を持つことが大事なのである。

実際には、**送りたい人生を送る方法は無数にある**。自分らしい人生という山を登るルートはたくさんある。ところが、周囲の空気に呑まれてしまうと、それがひとつしかないと思わされてしまう。それが人を不安にさせる。

その不安に負けないためにも、自分らしい人生を送るための武器を、言葉を換えれば、「滑り止め」をひとつでも多く準備しておくことだ。多くの人が何よりも恐れるのは失敗だ。しかし、滑り止めをひとつでも多く持っていれば、失敗しても困ることはない。いくら失敗しても困らないほどの滑り止めを、持っておけばいいのである。

人生は1回しかない。ひとつの選択肢で汲々《きゅうきゅう》とし、その選択肢を失うことに怯えるだけの人生ではあまりに悲しい。自分の中でたくさんの選択肢を持てるよう、常に意識しておくことが大切なのである。

最終決定を他人のものにするな

例えば会社で、組織の決定があったとする。若い自分には、まだ最終決定をする権限も力量もない。それは上司が最終的には決めたことかもしれない。しかし、上司が決めたこと、と思った瞬間に、それは他人事《ひとごと》の意思決定になる。だからこそ、意識してほしいのは、たとえ**上司が決めたことであったとしても、自分が決定したかのように考える**ことだ。

そう考えたなら、最終決定のプロセスに第三者としてではなく、当事者として関心を持ち、時にそれに関与できるようになる。自分のフィルターでは納得できない、ということにはきちんと反論の気持ちが生まれる。もしかすると、その意見は未熟かもしれない。それでも、そうした思いを持つことで、意思決定の当事者としての意識を持てるのである。

そして最終決定した物事には責任を持てるようになる。誰かが決めたから、ではなく、自分が決めたこと、として捉えることができるようになる。

これができた上で行動すること、さらに行動して得られるものは、他人が決めたことと捉えるものと、まったく違う。

だからこそ、自分は上司や経営者ではないけれど、上司や経営者のマインドで物事に接してみることが大切だ。たとえ社会人1年目であっても。

やりたいことをやるためにも、やるべきことをこなす

会社に入ってすぐの頃は、どうしてこんな仕事を自分がやらなければいけないのか、と感じることがたびたびあることだろう。こんな初歩的な仕事を、こんなつまらない仕事を、と不満を持つこともあるだろう。意に沿わない指示や、プライドを傷つけられるような注文もあるかもしれない。

しかし、理解しておかなければいけないことがある。そうした**初歩的な仕事、つまらないと思っている仕事ですら、その仕事から意味を見出し、自分を成長させる、本当に満足のいく仕事としてできているか**、ということである。自分の仕事を評価するのは自分ではない。会社であり、他者なのだ。自分はできているつもりでも、まったく話になっていないかもしれない。それこそ、コピーひとつ取れない人

間に、何を任せられるのか、ということだ。

自分は明らかに未熟なのだ。自分が思うような仕事がもらえるほど、成熟していないのである。それを認めなければいけない。そして未熟だからこそ、未熟なりにできることを最大限するのだ。

見事に成長していく仕事人も、最初はみな同じスタートをしている。だが、彼らは自らの未熟を認め、未熟な自分に何ができるかを考えている。コピーひとつ、エクセルの表ひとつとっても、誰よりも徹底し、依頼者の期待をも超えるように努力するものだ。そういうところから、周りの信頼は生まれていく。これが、より大きな権限や新たな仕事のチャンスを生んでいくのだ。

実は私自身、同じような思いを持ったことがあった。しかし、早い段階で自分の未熟さを痛感した。夢は大きいが、夢を実現する実力は自分にはないことが徹底的にわかったのである。そこで、私は自分に言い聞かせた。**20代の10年間は未熟な自分を育てる期間**に決めよう。自分を育て、強くしよう。やりたいことは、10年を経た30代から取り組もう、と。

私にはやりたいことがたくさんあった。しかし、やりたいことをやるには力が要るのである。内面的な強さも、仕事のスキルも、周りからの信頼も必要なのである。それを獲得するには、結果を出すしかない。しかも、周りが評価する結果である。結果に裏付けられた評価でないもので得られた信頼は、危いもので、すぐに崩れてしまう。だから、不断なる努力を積み重ね、揺るぎのない結果を一つひとつ出していくことを心がけた。

今思えば、その10年間があるからこそ、今の自分があると確信できる。自然体にふるまい、自分の人生を生きていくことが今できているのは、この10年に土台を築き上げることができたからである。10年間の思いが深ければ深いほど、苦しい思いが大きければ大きいほど、それは将来の本物の自分の力になっていく。

だから、**20代はやるべきことを徹底的にこなすべき**である。やりたいことをやるためにも、やるべきことをこなすのだ。likeではなく、mustやshouldを意識する。本当にやりたいことは、30代からやればいいのだ。それができるようになると思えば、我慢をしているような意識はなくなる。一瞬一瞬が、学びに満ちたものになる。それもまた自己実現なのである。

20代はもがく時期でいい。わかったつもりになっても、所詮は、20代のわかった、なのである。本当はわかっていない。わかろうとする努力は必要だが、本当にわかるのは30代でいいのだ。**20代は、理想とする自分と現実の自分とのギャップの大きさを味わい尽くし、もがき続けること**だ。それが30代に間違いなく生きてくる。一生懸命に頑張ることが正解だと考え、自分を信じ続けること。

そんな20代だったからだろうか。私の20代はセピア色がかった10年だった。しかし今思えば、幸せで、充実した時間だった。それも、さらに充実した30代があってこそ、思えたことだったのかもしれないが。

20代は、理想とする自分と
現実の自分とのギャップの大きさを
味わい尽くし、
もがき続ければいい。

見せるのは結果だけ。過程は見せない

自分は頑張っている、と示しておきたい。そんな気持ちもあるのかもしれないが、結果が出る前に過程を見せようとする人が少なからずいる。しかし、これは自分の経験でもそうだが、絶対にうまくいかない。**結果が出る前に過程を見せた瞬間、自分の内なる力が削がれてしまう**のである。

ところが、どういうわけだか、若い頃は頑張っていることを見せることが強さだと思えてしまう。しかし、本物の実績を積んだ人たちは、そんなことはしないのだ。だから、自分の努力の過程を見せびらかせようとする人を評価もしない。もちろん過程は大事だが、社会に出たら問われるのは結果。その意識が必要である。

苦労話を好む人の多くは、結果を伴わない人たちである。自分は努力をしたが、不可抗力の要素が発生して結果を出せなかった、という言い訳のために苦労話は存在している。しかし、**苦労話をしない、という決意のある人は、結果だけで勝負する**。だからこそ、努力の濃度が変わる。退路を断っているので、結果に対してストイックになる。必ず成功するようにマネジメントもする。目標に向かう際の気概がまったく違うのだ。

社会に出れば、競争に揉《も》まれる。同期同士で競争しなければいけないときもある。ここでも問われるのは、あくまで結果だ。評価軸は結果であって、頑張ったかどうかではない。もし負けたのであれば、自分の頑張りを訴えたところで仕方がない。その結果と向き合うことである。

なぜ自分は負けたのか。何が未熟だったのか。何が足りなかったのか。そこでも言い訳を一切排除する。外的要因も排除する。あくまで原因を自分の中で探す。そして、どうすれば、その原因を解決できるか必死で考えるのだ。

ライバルが1時間頑張っているなら、自分は2時間頑張る。集中力を2倍にする。冷静に自分とライバルとの結果の差を分析して、自分で解決策を探すべきである。結果を生んでいる違いは、必ずある。そこを真剣に見つめる姿勢が、自らの成長につながっていくのだ。

思いつきは99%実現しない

若い頃、何度もあった。「あ、これは行ける」と、アイディアが次々に思いつくのだ。ところが3日もすると、そのほとんどはまったく使い物にならないことに気づくのである。もしかすると、いつか使えるかもしれない、とも考えるが、そのときはいつまで経ってもやってこなかった。所詮、思いつきは思いつきなのである。

一方で、**最終的に踏み出したアイディアというのは、そのほとんどが、大変な苦しみの中で生み出したもの**だった。発想の背後に、アイディアを支える何かがあったり、絶対に実現するのだという強い思いがあった。

ところが、思いつきにはそういうものはない。やっぱりダメだろうな、実現しないだろうな、とますますなっていく。でも、考えてみれば当然かもしれない。こうやって思いつきで浮かんだものが次々に実現していったとしたら、何のために苦労して知恵を絞ろうとするのか。むしろ、思いつきが実現してしまっては、悪いクセが付くようなものだ、とあるときから思うようになった。

実際、成長したり、偉業を成し遂げたりするには、着実に道を歩むしかない。目標を設定し、努力し、挫折もし、立ち直って、さらに努力して……。こうしたサイクルを繰り返すしかないのだ。

結局のところ、人生というのは、感じ、考え、語り、動くことの繰り返しである。その繰り返しのサイクルを回していく度に、省察がどれくらいあったか、その省察に基づく自己の感情・思考・言葉・行動へのフィードバックや、それによる改善が行われたかが問われる。サイクルを多く回し、回す度に次のサイクルでの自己の感情や思考、そして言動へのフィードバックをすることが重要なのだ。

過ぎたことに縛られる、執着することは意味のないことである。常に前を向いて生きていくべきであり、振り返る際には、前進のためのフィードバックを得るためであるべきということを忘れないことだ。

どの人の偉人伝を読んでも、その才能や結果を支える努力や苦しみが必ず潜んでいる。モーツァルトは10代半ばで天才と呼ばれたが、彼は生まれてすぐに音楽を始め、10年以上も毎日、音楽と必死に向き合っていたのだ。たとえ持って生まれた才能があったとしても、不断なる圧倒的な努力なしに偉業を達成するマジックはないのである。

最も確実なのは、最も常識的な努力の道を歩むことだ。誰よりもその努力を黙々と実行した人間だけが、努力に支えられた結果を期待できる。もし、そうでないのに結果を期待してしまう自分がいたなら、それは自分を叱ったほうがいい。仮にそれで結果が出てしまっては、自分の人生にとってはむしろマイナスだと自覚したほうがいいと私は考える。それは、短期的には幸運と呼べるかもしれないが、長期的には不運のもとになるのだ。

そうした意識を持つことによってこそ、日々、落ち着いた形で、冷静に、自分の目指すものに対してブレずに立ち向かうことができるのである。

それこそ、想像してみてほしい。もし実力が伴っていないのに、結果を出してしまったら、どうなってしまうのか。長続きはできないのだ。「一発屋」として、あっという間に消えていくしかなくなる。芸能の世界でもそうなのではないか。実力なしにブレイクしては、ワンヒットワンダー（一発屋）で終わってしまいかねない。

だからこそ、むしろ早いブレイクは恐れたほうがいい。ブレイク後も持続させられるだけの力を自分の中にしっかり準備ができてから、ブレイクしなければ長続きはできない。早い時期にスポットライトが当たることには、むしろ危機感を覚えるべきなのである。自分からブレイクを遅らせるくらいの余裕を持つ人が、本物のブレイクをしていくのである。

ブレイクしたり、スポットライトが当たればいいのではない。それが持続しなければ、意味がない。そのことに気づいておくことだ。そうすれば、何よりぶれない軸を持った自分を築き上げておくことが大切だとわかる。

目的意識を持つ。アクション志向を持つ

仕事を始めると、たくさんの場面に一気に遭遇することになる。そういうときに

気をつけなければいけないことがある。ひとつが、目的意識を持つことだ。

仕事における大きな落とし穴のひとつは、何のためにこれをやっているのか、が次第に希薄になっていくことである。目的意識が忘れられていく。

自分らしい生き方に向かうときに目的が必要なように、すべての行動には目的があるはずなのである。それが希薄になっては、何のための時間だったのか、わからなくなってしまう。しかし、これが往々にして起こるのが、社会なのだ。だからこそ、常に目的意識を持ち続けることが大切である。

そして、もうひとつ、気をつけなければならないのが、アクション志向である。何かの決定や決意、選択をしても、アクションをしなければ、実は何の結果ももたらさない。そして大事なことは、**決まった以上はなるべく早くアクションを起こすこと**だ。ところが、これがなかなかできないのである。

すぐにアクションを起こす利点は大きい。仮に何かを決定したり、選択したとしても、実はそれが100%正しいかどうかは、その時点でははっきりしないからである。重要なことは、決断や選択をすることではなく、その決断や選択を正しいものだと事後的に証明すること。そのために生きてくるのが、アクションなのだ。

何かが決まり、早くアクションを起こして、軌道修正をしていく。アクションを起こせば、何かの変化が起きる。自分のアンテナも立つ。アクションを起こすからこそ、見えてくることはたくさんあるのだ。

だから、軌道修正する。**決断や選択は、プロセスの中で変わっていっていい**のだ。それは、成長を意味する。成長したからこそできる決断や選択がある。だからこそ、アクションは重要になる。

選択や目標は、一度決めたら変えてはいけない、などということはない。むしろ、その選択や目標が、自分の仕事に、あるいは自分の人生に正当性があるかどうか、常に照らし合わせていくことが大切である。ときどき立ち止まり、冷静に精査することだ。

目標設定は抽象的に、実現方法は柔軟に

目標を持つことは、もちろん重要である。しかし、目標はより具体的に持ったほうがいい、という声に対しては、私はそうは思わない。なぜなら、目標は変わっていくものだからである。

また、目標をあまりにも具体的に持ってしまうことによって、目標が目標通りにいかなくなることは実は少なくない。だからこそ私は、目標設定は抽象的なほうがいいと考えている。

それは、ある意味、リスク対応策でもある。物事をある程度抽象的にすることに

よって、そこに幅を持たせることができるからだ。目標設定にせよ、実現方法にせよ、あまりに硬直的にこだわり過ぎると、物事を大局的に見られなくなり、身動きがとれなくなってしまう。

実際、目標設定で気をつけなければいけないこととして、目的と手段が入れ違ってしまうことである。今、自分がこだわっているのは、根幹の目標なのか、それとも単なる手段なのか。この区別こそ、常に心がけてほしいものだ。

評価軸を外に置かない

営業のような数字のはっきり出る仕事もあるが、例えば管理系の仕事などでは、結果がなかなか見えてこない、評価が見えない、という思いを持つ若い社員は多い。しかし、その不安は、評価を会社に委ねているからである。

私はむしろ、**自分の中にこそ、明確な基準軸を設定してあげることが大事**だと思う。そして自分が決めた基準軸に向かって努力していくのだ。そして、周りはきっとそれを見てくれていると自分で信じることだ。実際、しっかりと見てくれているものである。

だからこそ、誰かに評価されようとするのではなく、自分自身が評価する姿勢を持ちたい。3カ月前より、今の自分のほうが成長できた、同じ仕事に向き合う姿勢も変わった、という実感こそ重要である。とりわけ大事なことは、日々の生活の中で学ぼうという貪欲さが大きくなっているかどうかだ。

自分の頑張りは、実は誰よりも自分が知っている。むしろ、周りの評価は思ってもみないものだったり、状況によって気まぐれに変化するものだったりする。よって、評価軸は外に置かないこと。自分の中に持つことである。そして、外よりもはるかにシビアに自分を見つめることである。

ボーダーを越える異端児となれ

異端児という言葉には、あまりいいイメージはないかもしれない。既存の権威からは都合のよくない存在、という雰囲気がこの言葉にはある。実際、今までの日本社会では、異端児はあまり好ましく思われてこなかった歴史がある。

しかし、これからの時代はどうだろう。むしろ異端児こそが求められているのではないか。異端児という言葉のイメージを、捉え直しておくことが大事だ。

実際、世界を、あるいは産業や社会を大きく変えていったのは、数多くの異端児たちだった。彼らは最初はたしかに異端児扱いされる。なぜなら、ボーダーを越えて、世の中にないものを打ち出していくからだ。それはたしかに異端である。

ところが、その新しいものが社会から評価されてくると、異端児は異端児でなくなっていく。異端児は時代を先導し、人々がついていくようになる。**異端児は、社会に対する説得のプロセスと証明のプロセスを経て、今度は社会のリーダーになっていく**のである。

だからこそ、異端児になることを恐れないでほしい。むしろ、人と違うことに、こだわってほしい。そして、異端児のままでいるのではなく、社会に受け入れられる努力も同時に行う。そうすれば、異端児はリーダーになれる。ボーダーを、先入観を超え、偏見を超えて異端児として立ち、最終的にはリーダーになることを目指してほしいのだ。

結果はすぐには出ないかもしれない。しかし、信念を貫き、努力を積み重ねていけば、社会は必ず認めてくれる。その意識を強く持って、物事に臨むことだ。

ボーダーを越えた異端児は、
社会に対する説得のプロセスと
証明のプロセスを経て、
社会のリーダーになっていく。

クリエイティビティは違和感から生まれる

クリエイティブな生き方をしたい。クリエイティブな人材になりたい。クリエイティビティにあふれた仕事をしたい……。そんな思いを持っている若い世代は少なくない。しかし、同時にそれは難しいことであると考えられているようだ。

実際、社会に出てもクリエイティビティに出合う機会は、驚くほど少ないのではないか、と感じる若者は多い。しかし、私はそうではないと感じている。実はクリエイティビティは、世の中にあふれているのだ。そこに気づけたり、感じ取れないために、そんな状況に陥ってしまうだけなのである。

例えば、**何かのアクションをしたとき、違和感を持たれることがある。実はそれ**

こそが、クリエイティビティの源泉なのだ。ところが、そうした違和感の存在を、社会人たちはあっさり捨て去ってしまうのである。こんなことがあるはずがない、こんなものは常識とは違う、今までやってきたことこそが正しいのだ、と。

行動にせよ、発言にせよ、周りから違和感のあるものに関して、自分で事前に「きっとこれはおかしい」と予測をし過ぎてしまう。その予測に縛られ過ぎ、結果的に周りにとって違和感のない形で演じてしまう。こういうパターンを、日本の社会人の多くが繰り返し演じてしまっているように思える。

もっと勇気を持つことだ。自分の感覚を信じることだ。その違和感が持つ価値を社会に認めさせることだ。

世の中を驚かせるイノベーションも、最初は小さな違和感から生まれたはずなのだ。驚くようなアイディアに、「そんなことはできるはずがない」「そんな馬鹿なはずがない」と周りからは思われただろう。しかし、それは実際に実現したのである。**当初の違和感が大きければ大きいほど、それが社会の中で価値認定されたとき**

の革新性は高いものだ。

だから、違和感を大事にしてほしい。その意識は、自身のクリエイティビティを大いに刺激してくれるはずである。

接点思考で新しい文脈を創りあげる

すべての創造性の根源は、何かと何かの接点にある。例えば、ルネサンス文化がなぜあれほど短期間でフィレンツェという特定の舞台で花開いたのかといえば、メディチ家という存在が、ヨーロッパの創造的なポテンシャルのある芸術家たちをつないでいったからである。

そしてこれまで世界は、元々つながれていた世界を分化していく専門化を推し進めてきた。ところがインターネットが加速させる情報化やグローバル化の波の中で、ここに来て融合のムーブメントが押し寄せてきている。

境界がどんどん消えているのだ。そうなれば、既存の領域の間での衝突が発生する。それを調整したり解消する必要が出てくる。

しかし、分化のムーブメントで生きてきた上の世代には、この調整は難しい。融合によって境界を越えることがなかなかできないのである。

しかし、若い人たちは、違う。そうした縛りはない。おそらく**境界はさらに失われ、その接合を推進していくのが若い人になっていく**だろう。実際、ビジネスの世界では国境の概念は消えていき、産業としても業界の垣根がなくなっている。

出版や映画、音楽は今やひとつの産業になってきている。そして産業を支配する担い手も大きく変わりつつある。書籍が電子書籍になる、などという単純な話なのではない。すでに映像も、音楽も、デジタル化の流れの中ではひとつのカテゴリーとして捉えられつつある。こうした流れは、あらゆる産業で起きていくことになるだろう。

全体を統合し、新しい方向性を打ち出すことができる人材は、今なお多くない。**全体を意識しながら接点をつないでいくことのできる人材の存在意義は、ますます大きくなっていく**だろう。だからこそ、若い人には接点を意識してほしい。そして、接点によって新しい文脈を創りあげる力を身につけてほしいのだ。それは間違いなく、これから必要とされるスキルとなる。

ゼロからの創造は極めて難しい。ほとんどの創造性は新しい組み合わせの産物である。違った文脈のものを化学反応させることによって生まれるのである。**融合時代の接点思考こそ、これからの創造の大きなヒントになる**はずだ。だからこそ、既存の分類軸や境界を越えてみることが重要となる。

学生にも、部分の理解の重要性と同時に、接点の理解の重要性を教えている。関係性の理解である。部分理解、関係理解と進んだら、次は全体的な統合理解を心がける。この3つの理解ができる人材こそがこれからの時代を先導することになるのだ。

すべての創造性の根源は、
何かと何かの接点にある。
全体を意識しながら
接点をつないでいくことのできる
人材の存在意義は、ますます大きくなる。

第六章

人生と向き合う

~5年後の計画は立てるな~

人生の目的、方向、スピードを意識する

人生は車の運転に似ている、と私はよく思う。どこに向かうか、という意志がなければ、車の運転は始まらない。また、何のためにそこに向かうのか、によっても運転は変わる。準備も変わるし、用意するものも変わる。心構えも変わるのだ。

つまり、目的と方向が重要だということである。目的や方向が定まっていなければ、運転はうまくいかない。これは航海も同じ。**目的地がない船には、どんな風も順風になることはない**というセネカの言葉もある。自分がどこに進みたいかがわからないから、海洋の中で迷うことになる。目的地がわからなければ、どう進んでいいのか、どんな心構えを持って進んだらいいのか、わかるはずがないのである。

そしてもうひとつ、意識する必要があるのが、ハンドリングとスピードだ。車の運転では、スピードが速ければ速いほど車のコントロールは難しくなる。油断すると道を踏み外すかもしれないし、迷子になったり、事故を起こしたりする。

しかし、車を確実にコントロールさせよう、とにかく安全運転を心がけようと、スピードを落としてしまうと、なかなか目的地にはたどりつけない。

目的や方向を意識した適度なスピードで、慎重に注意深くうまく車をコントロールしながら進む必要がある。きちんと目的地に向かっているか、逐一、自分で確認をして、一番の近道を探りつつ、ずれたときには微妙な変化を自分で調整しながら、向かう必要がある。

そして目的地に達したとき、思い返すと直線に限りなく近い道を進んできたような気になるものだ。しかし、よくよく振り返ってみると、細かなところで道は入り組んで、たくさんの軌道修正をして進んできたことがわかる。

これは、成功者の歩みも同じである。成功にたどりついた人は、周りから見れば一直線で進んでいったように見える。ところが、微妙な軌道修正を無数に繰り返して進んでいるのだ。そしてこの**軌道修正のサイクルの頻度と精度こそが、実は大きな結果の違いを生む**と私は考えている。

スポーツ分野での世界的なスーパースター、例えばイチローさんは、驚くほどの短時間でこの軌道修正を繰り返しているのではないか。その微妙な、外からは見えないハンドリングの成果として、驚異的な結果と、周りからはまっすぐにしか見えない道があるのだ。

目的地に対する方向感覚、ハンドリングをする集中力、それを持続させる力。それらが人生を正しい方向に向かわせるのである。

目的地がない船には、
どんな風も順風になることはない。

5年をひとつの人生として捉える

人生の目的や方向は重要である。しかし、先にも書いたように、それをあまりに具体化することはするべきではないと私は考えている。例えば10年後の自分の姿をリアルに描こうとする人がいるが、私は勧めない。

そもそも人間は常に変化していく。もしその変化をプラスの方向に持っていくことができれば、それは成長するということに他ならない。例えば10年前に私が今の自分を想像できたかというと、まったく想像はできないのだ。10年前に見えた景色と、今見える景色はまったく違う。自分の10年前を振り返ってみるといい。今の自分が、10年前に想像できていたかどうか。もし万が一、想像していた通りになっているとしたら、それはそれで問題ではないか、と思うのだ。

遠過ぎる将来に対する具体的過ぎる目標は立てるべきではない。将来からみた自分は未熟者である。そんな未熟な自分が、より成熟するはずの将来の自分の可能性を縛らないように、目標設定には謙虚になって、少し抽象性の高い目標を立てることが望ましい。

自分は何をやりたいのか、を決めるのにあまり性急にならないことも重要だ。本当に心の底からやりたいことがあれば、もうとっくにそれに没頭しているはずなのだ。

それよりも、**今、目の前でやっていることから意味を見出す努力をすること**だ。目の前にあるものを誰よりも徹底的にこなす。自分に何が期待されているのかを想像し、それを最大限にして外に出す努力を続ける。

無理に目標を具体化することはない。××社に入る、△△職に就くなど、むしろ会社名や職業名などの固有名詞を目標とすることは人生の可能性を小さくしてしまう。それよりも私は、目標の抽象性を高めることを勧める。もっと集中力を高める、内面の思考力を高める、知性を高める、言葉や行動、感情を強くする……。

実はこうした**抽象的な力こそ、人生を生き抜いていくベースになる**からだ。そして抽象的な力を身につけておけば、どんな職業にも生きてくる。その結果として職業名や社名といった固有名詞にたどりついたとき、それは大きな武器になるのである。

みんなが人生の未来を見定めようとする。しかし、数年先、数十年先どころか、明日のこともわからないのが、人生の現実である。10年後の自分など、実は想像できるはずもないのだ。何も見えない暗闇の中で、むやみやたらに鉄砲を撃つようなものである。そんなことよりも、今の毎日を大事にすべきなのだ。

もし、人生を長期で捉えたいのであれば、ひとつの方法がある。それは、5年をひとつの人生として捉えることだ。**5年おきに人生が変わる。人生のステージが変わる。**そう考えると、毎日に対する緊張感が生まれる。

例えば、26歳なら5回目の人生が終わって、6回目の人生が始まっている。38歳なら、8回目の人生の3年目を生きている。先のことよりも、今の5年間の人生を充実させることだ。遠い未来を想像しようとしてもできない。だからこそ、ネガティブな思いにもとらわれる。

将来を具体的に想像し過ぎないこと。今を大事にし、目標には抽象性を一段高める、自分の内面的なキャパシティを増やしていく努力を推し進めること。5年後の次の人生のステージに、どこにでも行ける自分を作り上げておくこと。そのための5年間にすることである。

動いた分、報われる

アクションを起こして、うまくいかなかった場合どうするか、と考える人は多い。しかし、たとえうまくいかなかったとしても、アクションはそれ自体で大きな意味がある。それは、アクションを起こすことによって、見えてくる景色が変わってくるということだ。

それだけ自分が学べる、得られることが増えてくる。とにかく積極的に、**アクション志向でいること**。どんなに頭を使っても、アクションして見えてくることには絶対にかなわない。頭のよさだけでなく、動くことこそが、人生には大事なのである。

当事者意識を持つ

一度しかない人生、脇役ではなく主役で自分の人生を生きたいと思っている人は多い。にもかかわらず、それを自ら降りてしまう人が後を絶たない。起きていることに対して、当事者意識を持たない人が、驚くほど多いのである。

例えば仕事を委ねられる。やらされると思うか、自らこれは自分の仕事だと思って真正面から取り組むか。それによって、生産性も、仕事をしている間の充実感も違ってくる。

やらされるという感覚はいち早く切り捨て、これは自分の責任としてやるべき仕事だと認識することである。これこそ、当事者意識を持つことである。すべてにおいて、当事者意識を持っているのと、持たないのとでは、取り組むモチベーションがまるで変わってくる。緊張感も変わってくる。これが、主役級の行動を生むのだ。

社会に出てすぐの頃は、新入社員であり、平社員かもしれない。しかし、自分はせいぜいそんな立場だ、結果に対して責任を負うのは上司や先輩だ、と思った瞬間に成長はなくなる。仕事もつまらなくなる。当事者意識も、責任感もない仕事になるからだ。

先にも書いたように、たとえ自分が平社員であったとしても、所属している部や課で下した決断の責任は、自分で負う、くらいの心構えを持つべきである。そんな人間が集まった組織こそ、強い組織である。そして、こうした組織のメンバーは、間違いなく強い当事者意識を持ち、まるで経営者のような決意に基づいて行動していると思う。こうなると、醸し出すオーラや空気感がまるで違ってくるのだ。

ゼミにおいても、当事者意識を持っている学生は違う。外に出れば、自分はキムゼミの顔になる、という意識を常に持てと私は話しているが、光る学生は言動が違う。このゼミをどうするか、という私と同じような視点に立って考えている。これには私も感化されるし、周りの学生たちも感化される。自分はもっと頑張らなければいけない、という意識になる。

当事者意識は、組織やトップも変えていく。ポジティブオーラはすぐに伝染するからだ。新人であっても、そういうオーラを持っていれば、存在感はまるで変わってくる。

日本は政治に大きな悩みを抱えている。だが、私は国民にも大きな責任があると思う。果たして政治に対して、どれほどの人が、しっかりとした当事者意識を持っているか。責任感を持っているか。当事者意識が圧倒的に不足しているからこそ、リーダーも変わらないのではないか。これは、企業経営においても同じである。当事者意識や責任感を持たない立場では、組織や国家を語る資格はない。文句も言うべきではない。

直感を信じ、直感を磨く

一流と言われる人たちとお会いして感じるのは、その判断、決断の速さである。瞬時に物事を認識し、捉えている。長時間をかけて、結論が導き出されるわけではない。瞬時で判断がなされるのだ。これこそ、直感だと思う。そして、そこに迷いがない。さらに、その直感に基づいた判断の最終的な精度が極めて高い。

直感とは、感情と思考の結晶だと私は考えている。コンピュータのCPUのようなものが心の中にあり、生きてきた感覚や思考のすべてがフル回転するのだ。このCPUを猛スピードで回す能力を身につけたなら、人生のあらゆる場面で大きな武器になる。

もちろん、直感を磨くことは簡単なことではない。瞬時に判断ができるほどの直感を手に入れるには、相応の努力が必要だ。中でも重要なのは、若いときに、**簡単に判断を下せないような問題にたくさん直面すること**である。苦しい経験、日々思い悩む経験というのは、直感を磨くための重要なプロセスなのだ。実は苦しければ苦しいほど、直感は磨かれている。そう自分に言い聞かせてもいい。

若い時代は苦しい思いをたくさんする。しかし、それでいいのだ。その苦しみがいかに自分の成長につながるか。そのことに後で気づける。逆に苦しまなければ、成長は小さい。その意味においても、悩んでいいし、苦しんでいい。それが青春なのである。

直感とは、感情と思考の結晶。
直感を手に入れるために重要なのは、
簡単に判断を下せないような問題に
たくさん直面することだ。

緊張を楽しむ

私も緊張する。講演するとき、プレゼンするとき、世界中から研究者が集まる学会で手を挙げて質問するとき……。最初は、マイクを持つ手が震えたこともあった。

自分が緊張していることは、自分が一番よくわかるものである。だから、いやだな、したくないな、と思った時期もあった。しかし今は違う。今も緊張する場面はあるが、むしろそれを楽しむようにしている。緊張すると集中力が高まることに気がついたからだ。

もとより緊張は、実現する可能性があるからこそ、しているのである。頑張ればできることだから、緊張しているのである。はなから不可能なことなら緊張はしないし、まったくの余裕でできるものならやはり緊張はしない。緊張しているというのは、ちょっと頑張れば次なる自分に行けるという、成長の場面、自分にとってはかけがえのない場面にいるということなのだ。

だから、講演でも授業でも、最近は、ライブの前に待機しているアーティストのような気持ちになる。緊張はしているが、うれしいのだ。むしろ、楽しまなければいけないと思うのである。

逆に、緊張を失っていく自分に危機感を持つようにしている。緊張は、最初はちょっと苦しいが、経験によってやわらいでいく。不安ではなく、自分のモチベーションとして喜びにつながる。アドレナリンが出て、自分をワクワクさせる。だからこそ、若いうちにできるだけ自分が緊張する場面を作ったほうがいいのだ。

私のゼミでは、ハーバード大学の教授が来ても講義をさせない。逆に、その教授に向かって学生に講義をさせるのだ。ハーバードの教授から講義を聴いたことのある人は少なからずいるだろうが、ハーバードの教授に講義したことのある学部生はそうそういないはずである。もちろん、講義するゼミ生は極度の緊張感を味わったはずである。しかし、その緊張感を一度味わっておくと、将来相手が誰だろうと滅多に動じることはなくなるはずだ。そうした緊張する場面を提供するのも教員の仕事だと思う。

人前に出る機会でもいい。味方が少ないアウェイの場に行くことでもいい。何かの会議や会合では、必ず最初に質問する、でもいい。自分は緊張は苦手だ、と決めつけずに、自分を成長させるためにも、あえて緊張する場に向かうのだ。それは間違いなく、成長の角度を変えてくれる。

戦略的にやめる

続けることが必ずしも善ではなく、やめることが必ずしも悪ではない。

「成功するためには成功するまでやめないことである」という言葉がある。素敵な言葉である。しかし、私はこの言葉を信じない。成功するためには、愚直に「やり続ける選択」に負けないくらい、賢くそして思いっきり「やめる選択」が重要だと思うからだ。

よいタイミングで潔くやめること。**スマートに、戦略的にやめること**。人生を自分のものにするにはこれは極めて重要だが、実践することは案外難しい。日本のような社会では、途中でやめることはよくないとされている。学校でもそう教わるのだが、私はそれは陰謀だと思う。誰の陰謀かというと、途中でやめられては困る組織（学校とか会社とか）の陰謀なのだ。

やめることは別にそれ自体で非難されるべきことではないはずだ。一度しかない人生、自分を貫き、人生を自分のものにするためには、時には軌道修正も必要なのだ。そのためには、あることをやめる必要がある。やめないと、次のことをはじめられないからだ。

組織の都合でその選択の道が閉ざされないように、普段から出口を意識し、強い意志を持つことが必要だ。いざというときは、周りに何を言われようが、きっぱりとやめる。後ろも横も振り向かない。自分の前にある道だけをイメージしてそれに突き進む。それだけ。つまり、やめることも立派な選択なのだ。

もちろんやめることには犠牲が伴うのも事実である。今まで築いてきたもの、例えば人脈や実績がなくなるかもしれない。これが人を不安にさせ、無難に現状維持（＝やり続ける）の選択をさせる。

しかし、それは今、自分が存在する小さい世界の話でしかない。新しい世界を見るためには今までの世界を後にしないといけないときがある。自ら殻を破らないといつまで経っても雛にはなれず、もちろん成鳥にもならない。殻の向こうにある世界は永遠に見ることはできない。

殻を破る作業は、時にやめる作業でもあるのだ。経験則で言えば、やめることによる犠牲が大きければ大きいほど、やめる選択を主体的に自己責任で下し、実践した場合の代価も大きくなる。そういう選択をした人間は必ず強くなる。

安全地帯から自ら抜け出し、未知の領域に足を踏み入れる。私はその行為自体、賞賛されるべきことだと考える。しかし、この社会でそれを実践する人がいかに少ないことか、もうじきわかってくるはずだ。

自分が目指す目標や方向性が変わること、それ自体はまったく問題ない。むしろ変わるのが自然なのだ。人間は成長し続ける動物だからそうあるべきである。**瞬間**

瞬間の自分の思考や感覚に対する絶対的信頼を持つ。人生の一貫性は他者の評価によって決まるものではない。自分でしかその判断はできない。**不可侵領域だと認識すること**だ。

他者からみて脈絡のない人生でも自分の中ではしっかりつながっているはず。人生は一直線ではない。選択の度に乗り換えが発生し、進むルートも変わっていく。選択をすればするほど自分だけのルートになっていく。そして誰も行ったことのない自分だけの終着駅にたどりつくようになる。だからどんな選択をしてもよいのだ。それが自分の選択である限りは。

長くない人生で充実した日々を過ごすために重要なことは、本質を見極めるということである。これは言い換えれば、**本質以外のものを削り落とす**ということだ。

時間管理がうまくできていない人は、とにかく忙しいと言い、そのわりに成果があまり上がっていなかったりする。これは、おそらく何をすればいいのかがわからないというよりも、何をやらなくていいのか、ということがわからないことに起因している可能性が高い。

主体的にやめることができないというのは、本質にフォーカスすることができないということでもある。重要なことは、すべてを網羅することではなく、本質にフォーカスすることだ。それは一点を見つめる勇気や集中力を持つことでもある。

だからこそ、やめることに対してポジティブな意識を持つことだ。潔く、きっぱりとやめる。あるいは、断る。そういう姿勢を自分に明確に課すことによって、本当に自分がやりたいことができるし、本当に自分が会いたい人に会うことができる。

言葉を換えれば、**どうでもいいことを早く見つけて関わらないようにする**、ということだ。実はこの意識を持つことは、自分が何を大事にしているか、と向き合うことにもつながる。その基準軸ができ上がれば、何をするかも、時間の使い方も、仕事も、人も、言葉も、本質的で自分らしいものになっていく。

本質を見極めるということは、本質以外のものを徹底的に削り落とすことを意味する。人生においては99を捨てて、1をとらなければならない場面がある。そのとき、迷いをなくすためにも普段から自分にとって何が大切なのか、を考える本質思考を意識することである。

書籍をA4の紙1枚にまとめられるか

社会に出ると多くの若者が混乱する。そのひとつは、本質が見えにくくなってくるからである。とりわけ仕事をしていると、本質以外のところで翻弄されることになる。これでは、成果を出すことは難しくなる。なぜなら、限られた自分のエネルギーでは、すべてに対応することはできないからだ。だから、本質以外のところを削り落とし、本質に集中していくことが大事になるのだ。

どうでもいいことに、自分の7、8割のエネルギーを使ってしまうと、本当に大事なことに2、3割しか使えなくなる。本質とは重要性の度合いだ。度合いに応じて、優先順位を決めて、自分の時間とエネルギー、そして集中力を配分することが必要である。

では、本質とは何か。何を本質として捉えるのか。わかりやすくいえば、何が一番、大切なのか、ということである。それを常に意識する。

何が大切なのか、を意識し、本質に近づこうと努力する。例えば、プレゼンをするにしても、最終的に「これが言いたい」ということを、一言でまとめておくようにする。

他者からの情報も同じだ。これはよく学生に言うことだが、300ページある書籍1冊のエッセンスをA4の紙1枚にまとめられるかどうか。著者が言おうとしていることは、それほど多くはない。できるだけ短い言葉で、その書籍の本質を抽出してみるのである。

もちろん最初からすぐにできるわけではない。しかし、意識して試行錯誤を続けること。大事なことは、**本質の存在を意識しながら過ごすこと**だ。それが、本質を見つける精度を上げていくことにつながる。

肯定のオーラの起点となれ

同じ物事を目の前にしたときにも、ネガティブな捉え方をする人と、ポジティブな捉え方をする人がいるものだ。だが、それを周りで見ている人の受け止め方は、かなりはっきりしている。

不満や反発、反感や言い訳、愚痴などに満ちたネガティブな人に対して、好印象を持つ人は少ない。逆に、ポジティブな物言いをする人からは、学びの姿勢が感じられる。謙虚に、前向きに物事を捉える人からは、自分も感化されるものだ。

だからこそ、ネガティブではなくポジティブを心がけてほしいのだが、さらにもう一歩、踏み込んだ意識を持ってほしい。それは、**肯定のオーラの起点となる**ことだ。

人間が人から学ぶ姿勢は極めて重要である。しかし、ある程度成長したら、学ぶという謙虚な姿勢のみならず、何かを人に対して与えていくという姿勢が大切になる。それは自分自身を成長させることであり、周囲からの信頼を高めることにもつながる。

だからこそ、知識のみならず、様々なことに関して、何らかの形で周りに与えていくという姿勢を、使命として、責任として持っておいてほしいのだ。

いつまで経っても学ぶだけの人は、それだけの存在で終わってしまう。そこから一歩踏み出してほしいのだ。他者のために何かを与えるには、自分をどうするか。

与えることに喜びを感じる人になることだ。

実際、学びの姿勢も持ちながら、人に肯定のオーラを広げていく人たちがいる。そういう人は、ネガティブなこと、後ろ向きなことは絶対に言わない。批判はしても、必ず代案を出す。批判するアイディアがどうすればいいアイディアになっていくか、ステップを明示する。一見、攻撃するように見えたとしても、プラスアルファを加えることで、肯定の成長へとつなげていくことができる。

そもそも世の中は、ネガティブであふれている。ポジティブなことでさえ、ネガティブに解釈してしまう人は多い。しかし、多くの人が本当に求めているのは、ポジティブなのではないか。肯定しながら生きていくことのほうが、間違いなく幸せであるはずだからだ。

だから、それを主導するのだ。自分が周りをポジティブにしていくためにも、ポジティブ発想と肯定のオーラの起点となることだ。それは間違いなく人生の充実につながっていく。

肯定のオーラの起点になる。
与えることに喜びを感じる人になる。

すべてを「師」に変えていく

起きることはコントロールできない部分が大きい。しかし、起きてしまったことについては、それをどう解釈するか、そこから何を学び、どういう行動に出るかは、自分次第である。他者から制限されるようなことではない。

日々の行動も同じである。人に会うにしても、すべてを何かの学びに変えようという意志が見える人は、目がキラキラしている。誰もが、こういう人と付き合いたいと感じるものだ。こういうオーラを醸し出す人と話をしたいと思う。常に出会いを学びにつなげようとしている人と、そういうことはまったく何も考えていない人、人との出会いをネガティブに捉えるような人とでは、まったく印象が異なってしまうのである。

日々起きることや、日常のすべてのことを自分の学びの材料に、自分を成長させていくための材料にする。そんな意識があれば、穏やかで平和な日々を過ごせる。自分の中でそうした意識を持った瞬間から、迷いや不安、不幸を感じることがなくなる。私自身がそうなのである。何かが起きたとしても、これは自分の次へとつなげるための神様のプレゼントだと思える。そうすれば、世の中に起きるすべてのことは、自分のために起きていると思えるのだ。

この意識さえ持てれば、世の中を楽しみながら生きていける。起きていない未来に怯える必要もなくなる。何が起きても、次に生かせるのだから。できることに最善を尽くし、結果が出たらそれを受け止めればいいのだ。

このことを私がおぼろげに意識し始めたのは、10代の頃だった。しかし、20代も後半になると、実感レベルでその通りだと思うようになった。こうすれば、世の中で起きているすべてのことに、自分が当事者として関わることができる。感受性と責任感を持って、世の中を、人生を生きていくことができる、と。

それは、自分の人生を何かから取り戻せた。そんな感覚を持てた瞬間でもあった。

理想の自分に変わる方法がある

韓国を出たのは、19歳のときだった。生まれ故郷が嫌いだったわけではない。だが、子どもの頃から本を読みあさっていた私は、もっと大きな世界があることを確信していた。それを見てみたいという強い欲求を持っていた。

しかし、故郷を出てみたかったのは、理由がもうひとつあった。それは、**自分を誰も知らない場所に連れていってみたかった**のである。自分を変えてみたかったからだ。

友達がたくさんいて、知っている人もたくさんいて、そういう環境で過ごすことは安心感があって心地よいものである。しかし、そうした環境のもとでは、自分を大きく変えることは難しい。なぜなら、周りの人たちは私のことを知っていて、私も周りの目を強く意識することになるからである。

同じ場所で生まれ、ずっと過ごし、幼なじみがいるような、周りを気にせざるを得ない環境で、自分を大きく変えられる。それができるほどの強さや勇気がある人間は、そうそういない。

私は、**自分のことを誰も知らないところでこそ、自分を大きく変えられる**と思った。しかも、自分が理想とする自分に、である。周りを気にすることなく、理想とした自分をゼロから築き上げてみたかった。それが、私が韓国を離れた理由だった。

縁あって国費留学で日本に向かうことができることになった私は、日本に向かう飛行機の中で決意を固めた。**自分の中で気に入らないと思っていることをすべてリ**

ストアップし、それらすべてを捨てようと考えたのである。そして、自分はこうなりたいという憧れを具体的な言葉にして、日本に行ったら新しい自分を演じてみようと思った。

自分で〝脚本〟を書き、自分が〝演じ〟、〝演技指導〟までする。もちろん、いろんな新しい〝役者〟との出会いがあるので、新しく出会う人たちとの関わりの中でも自分の役を築き上げていかなければならない。それでも、私は大きな期待に胸を膨らませた。

環境を変える、境界を越えるというのは、新しい自分になれる大きなチャンスなのである。もう一度、自分のキャラクターをゼロから作り上げられるのだ。こんな恵まれたことはない、と私は思ったものである。

そして実際に、日本で私は変わった。しかし、チャレンジはこの1回にとどまらなかった。私は、また新しい世界に自分を送りこむことを考えた。さらに自分を変えるためである。アメリカ、イギリス、ドイツと異なる国を経験し、その地で生活をはじめるたびに私の思いは確信に変わった。環境を大きく変えることこそ、理想の自分に近づくための最適な方法だ、と。

仮に成功体験があっても、それを捨てて新しい地に向かう意味は大きいと私は考える。そしてその数を増やすほど、新しい自分を演じる技術は高まる。役者としての演技の幅は広がっていく。どんな役を与えられるのか、わからない中で、どんな役を与えられてもこなせるようになる。どこでも生きていける自信を手に入れられるのだ。

生まれた場所にずっと暮らし、ひとつの役だけをこなし続ける生き方もたしかにある。深みのある人生につなげられる可能性もある。しかし、人生は短い。自らいろんな役回りを求め、何をやっても生きていけるような力を身につけるためにも、積極的に場所を変えてみることも素晴らしいことだと私は思う。

そしてこの過程では、必ず自分と向き合うことになる。自分の現在の姿と理想の姿とのギャップを認識することになる。自分の内面と外面の差を理解することになる。これが明確にわかった瞬間は、喜ぶべき瞬間だ。なぜなら、理想の自分に一歩、踏み出せるのだから。

そのギャップを持ったまま行動を続けていれば、そして自ら作り上げた理想の役を続けていれば、それはやがて本当の自分になっていく。演じている自分なのか、本当の自分なのかわからなくなっていく。それは、理想の自分を手に入れたことを意味する。

一度しかない人生。一途にひとつのことに向けて突き進んでいくのも、美しく格好いい生き方だろう。しかし、その一途を決めるのには慎重であるべきだ。決める前にいろいろな寄り道をするのも悪くない。最後には自分の中ですべてつながっていくのだから。

旅に出よ。居場所を変えよ

環境を大きく変えることは難しい、様々な理由によってちょっとハードルが高すぎる、という人もいるかもしれない。ならば、私は旅を勧めたい。

新しい場所、人、そしていろいろな価値観に触れる。そうした経験は、今ある自分の境界を越えることを意味する。実は境界を越えるときにこそ、人間はひとつ強くなる。それまでにはなかった、新しい自分を手に入れることになるのだ。

私自身にも経験がある。20歳のときに行った、アフリカ、中東への旅行は、人生観を大きく変えることになった。生きていることはいかに奇跡的なことであるか、を知ったのもこのときである。

冒険家の気持ちもわかった。**冒険家たちは、死ぬ危険に直面するために冒険して**

いるのではない。生きていることを実感するために冒険するのだと私は思った。途方もない緊張感があった場合にこそ、人間は生きていると実感するのである。

命の危険にさらされ、冒険をしているときには、生きるということに対する実感を覚えるのだ。だから、また冒険したくなってしまう。この一瞬に命をかけるからこそ、生きていることを痛感するのだと思う。

冒険までいかなくても、**日常から非日常に移動するだけでも大きな意味を持つ**。もっと言えば、物理的に移動するだけが旅ではない。本を読んだり、映画を観たりすることも同じだ。ただ、人間のセンサーがよりダイナミックに働くのは、やはり実際に体を動かし境界を越えて旅するときだと思う。

旅が終わると人間が疲れるのは、センサーをたくさん回した結果だ。その分だけ人間の適応能力やサバイバル能力は高まっていく。これまで経験しなかったこと、出合わなかったこと、感じなかったこと、考えていなかったものに接することによって、新たな学びの材料をたくさん手に入れることができる。旅は、自己成長のための種をいっぱい拾える貴重な場なのである。

日常の中に、非日常を入れていくことだ。そもそも人間のアイデンティティは、差異から生まれる。違いを見て、初めて自分を実感することができる。日本は同質的な社会。同質的なものばかりに囲まれていると、自分のアイデンティティを認識しにくい。他者と接し、そして理解することによって、初めて見えてくる自分もある。

自分のアイデンティティを確認するためにも、旅に出ることは重要である。出て初めて、自分が、あるいは日本が見えてくる。日本にいるのではわからない客観的な視点を、手に入れることができるのである。

冒険家たちは、死ぬ危険に直面するために
冒険しているのではない。
生きていることを実感するために冒険するのだ。

第七章

未来と向き合う

～純度の高い自分を創る～

スケジュール帳に白の空間を広げる

社会に出たばかりの若者たちの言葉に、違和感を覚えることがある。「忙しくてしょうがない」「やりたいことができない」といった言葉である。中には、大変そうというよりは、むしろ嬉々としてそんなセリフを語っていると思えることもある。忙しいことが、カッコイイことだと考えているのかもしれない。

しかし、若い社会人に比べれば、はるかに忙しい人は世の中にごまんといる。そういう人たちは、果たして「忙しい」などと言うだろうか。忙しさに埋もれてしまっているというのは、自分の仕事のマネジメントの非効率さを露呈してしまっているに過ぎない。

実はそれは、恥ずかしくてみっともないことなのである。実際、私が出会ってきた一流の人たちは、どんなに忙しくても、自ら「忙しい」などとは決して言わない。

そして私が忙しさ以上に心配しているのは、仕事の時間によって、自分と向き合う時間が取れなくなることである。仕事のマネジメントの非効率さは若さゆえ、仕方がないところもある。しかし、**自分を大事にするという優先順位が低くなってしまっていることこそが、問題**なのだ。

忙しいからと日々、仕事に流されていくと、やがて不安にさいなまれることになりかねない。何のために仕事をしているのか、仕事は自分にどう関わっているのか、自分の人生にどんな意味をもたらすのか……。そういうことが、見えなくなっていくのだ。

今、自分は何をしているのか。それは自分にどんなものをもたらしているのか。自分はどう感じ、どうしたいのか。どんなうれしいことがあり、悲しいことがあるのか。悔しさや、嫉妬心はどういうものか。楽しみと、苦しみを感じているものは何か……。そんなふうにして自分と向き合う時間をしっかり作ることによってこそ、仕事の意味というものと向き合い、それを認識することができるのだ。

仕事自体が目的になって、その世界の中で埋もれてのみ込まれていく自分というのは、自分を失っている状態である。これでは、仕事のスキルは身につくかもしれないが、本当の意味での自分は育っておらず、自分の強さにはつながっていかない。

こういうときにこそ、15分でも30分でもいい。自分と向き合うことだ。むしろ忙しいと思えば思うほど、自分と向き合う時間というものを意識的に作らなければならない。それは、作ろうとしないと作れないのだ。

スケジュール帳が予定で埋まらないと不安になるような人もいるが、それは違う。むしろ、スケジュールが埋まってしまったことに危機感を覚える自分を作るべきである。スケジュール帳に白の空間を広げることで、できるだけ自分と向き合う時間を意識的に作ることが、仕事のプロフェッショナルとしても大切になってくるのである。

そして本当に忙しくても、忙しさを見せびらかさないこと。そうすることで、心に余裕が出てくる。そしてそれは、自分のキャパシティを拡大していくことにもつながっていく。

居心地のよさを警戒せよ

ある分野において努力をし、実績を作っていくと、その分野において信頼を得ていくことになる。そうすると、その分野では、自分の居心地はとてもよくなる。この分野で過ごしていれば、ずっと心地よい。私自身、これには実体験を持っている。

先にも書いたように、私は意識をして境界を越えるように自分に課した。その結果として思うことは、同じ3年間でも、そのまま過ごしていたのと、境界を越えて過ごしたのとでは、自己成長の度合いに大きな違いが出るということである。視点も変わっていく。

境界を越えるときは、その境界内で自分がお世話になっている人などに後ろめたい気持ちが生まれがちだ。ところが、境界を越えると、そんなことは実は大したことではなかったということに気づけたりするのである。また本当に自分のことを心から思ってくれる人なら、境界を越え、新たな挑戦をする自分を応援してくれるものだ。

またこれが当たり前だ、すべてだ、と思っていたことが、ほんのちょっと視点を変えるだけで、実際にはまったくそうではないということに気づくことができるのだ。やがて私は思うようになった。視点が変わらない、刺激のない環境は、どんなに居心地のよさを感じたとしても、自分の成長には決してつながらない。だから、そのときは新しい環境を求める必要がある、と。

しかし、心得ておくべきことがある。新しい環境に身を置いた最初の頃というのは、すべてが新しい。ところが、数カ月も経つと慣れてしまうのだ。だから、日常の中で、非日常を求めていく姿勢が必要になる。ルーチンを意識的に壊していくことも大事だ。それを通じて、使っていない、あるいは使わなくなってしまったセンサーをきちんと動かす環境を、自分で提供していくのである。

できるだけ日常の枠を超え、自らが成長する材料を探しやすくすることだ。その対極にあるのが、居心地のよさなのである。成長したい気持ちがあるのであれば、居心地のよさは、むしろ警戒しなければならない。居心地のよさを捨てて境界を越えてこそ、本当に強い自分を目指せるのだ。

とはいうものの、境界を越えることは誰でも怖いものだ。前例がなければ、なおさらである。だから人々は境界内に収まる自分を意識的に作り上げていく。それを通じ居場所を見つけた気になり、安心感を覚える。しかし一旦境界を越えると、自分の中でその境界は消えていく。今までの地図は塗り替えられ、自分を盟主とする帝国の無限なる拡張が始まるのだ。

人生を生き抜いていくために必要なことは、実は安定していて居心地のよい環境ではない。どんな環境でも自分の2本の足でしっかり立っていられる強い自分を創ることだ。最終的に人生における自由を手に入れるために必要なのは、強い自分なのである。それこそが唯一、自然体で、穏やかな状態で人生を過ごしていくことを可能にするのである。

教育の現場においても、**私が育てたい人材は、どんなに抑圧された環境でも、自分の頭で考え、自分の言葉で語り、自分の意志で動ける人材**である。ゼミ生には、必要以上に仲良くなるな、とも言う。みんなニコニコして和気藹々《わきあいあい》としていて楽しい場所は、たしかに居心地はいいかもしれない。しかし、それが未来の幸せを約束してくれるわけではないのである。

一旦境界を越えると、
自分の中でその境界は消えていく。
今までの地図は塗り替えられ、
自分を盟主とする帝国の
無限なる拡張が始まるのだ。

成功も失敗も、「状態」である

成功というものが、どこかに形として存在していると思い込んでいる人がいる。

しかし人生の成功は他者ではなく、自分で決めるのだ。自分が今、最善を尽くしているのであれば、それは何よりの成功である。逆に、頑張らなければいけないときにだらしなく過ごしているときは、たとえ結果が出ていようと失敗である。**成功や失敗は、結果にあるのではなく、常にこの瞬間、この瞬間にある**のである。その瞬間が連続となった状態に幸せな人生があるのだ。

世の中や他者が作った成功の評価軸に振り回されてはいけない。それよりも向き合うべきは自分だ。自分の基準軸を作ること。そうすれば、本当の成功を自分で勝ち取ることができる。

Fail faster, succeed sooner.

偉人伝を読んだり、成功した立派な人たちを見ていると気づくことがある。それは、失敗しない人は絶対に成功しない、ということである。失敗することは、成功するための必要条件なのだ。そして、ただ失敗するだけでなく、失敗した意味や反省、それをどう次につなげて軌道修正することができるか、こそが問われる。

大事なことは、失敗を恐れないことだ。失敗することを恐れて、チャレンジしない人たちが多いが、それはもったいない。結果的には失敗ということになることはあるかもしれないが、失敗を必ず次につなげることができれば、それは中長期的には、成功のために必要な構成要素を手に入れたと捉えられる。

そして成功と失敗には、ひとつの心がけを持つことだ。成功したら、喜んでよいが浮かれないことだ。むしろ気を引き締める。しかし一方で、失敗しても落ち込まない。失敗したら、逆に喜ぶくらいでもいい。次につながる学びや成長の材料をたくさん得たのだから。成功も失敗も、自分の中では喜べる話なのだ。

だから、できるだけ挑戦の数を増やす。挑戦しないと成功も失敗もできないからである。そして結果が出たら、それを自分の成長につなげる学びの材料にする。そういう人間は、そうでない人よりも成長のスピードが断然速い。そしてそう遠くない未来に、大きな成功をやり遂げられる。

意識して失敗に対する割り切りを持つことだ。注意しなければならないことは、失敗しないことが、成功するための必要条件ではない、と知ることである。

もちろん、誰でも失敗したくて失敗するわけではない。ただ、失敗を恐れるあまりに慎重になり過ぎては、成長の機会を失う。私は7割か8割の成功確率があると感じたら、踏み出すことにしている。2割、3割の失敗確率を認識した上で行動するのだ。

もしこれが9割の成功確率を確信した上で行動したとしたら、それはむしろ踏み出すタイミングが遅すぎたと反省すべきだと感じる。そういう場合は世の中の多くの人がすでに挑戦していることが多い。皆が挑戦した後、後追い的に挑戦してもそれが持つ意味は薄い。そもそもそういうものを、私は挑戦と言わない。

世の中がなんと言おうと、自分が信じていること、正しいと思うことを実現するためにリスクを負って行動に移す、それこそが挑戦ではないか。自分を、そして自分の直感を信じてとにかく挑戦すること、それ自体、賞賛されるべきであると思う。挑戦の結果以前に、だ。

そして、**挑戦に踏み出した後は、結果を冷静に受け入れ、次に生かすこと以外は忘れてしまう**。失敗をした事実も忘れてしまう。私の場合、あっという間に忘れてしまうことにしている。すぐに、次に生かすべきことに転化してしまうのだ。

だから私は**たくさんの失敗をしてきたが、ほとんど覚えていない**。もがいて苦しんで頑張ってきた感覚だけはあるが、細かなことは忘れてしまうのである。おそらく過去の失敗を、未来の成功のための要素に昇華させているのだろう。

成功体験の奴隷にならない

人間は自らを変革し、ジャンプして跳ね上がっていくことができると私は信じている。ところが、これを阻害するものがある。失敗の体験などではない。むしろ成功の体験だ。**成功体験が、成長の邪魔をする**のである。

成功体験が大きなものであればあるほど、それはなかなか脱ぎ捨てられない。しかし、背負うものがあると、ゆっくりしか走れない。結果的に、次に乗り遅れることになってしまう。

日本の停滞は、まさにこれではないか。過去の成功体験があまりに大き過ぎて、自らを変えることができないでいる。自分が汗を流して、時間をかけて築いてきた成功体験や既得権というのは簡単に消し去ることはできないのだ。

それは当たり前のことだとも思う。彼らは若い頃、苦労して、ようやく今を築き上げてきたのだ。経済的な豊かさや精神的なゆとりを手に入れたのだ。それを簡単に手放せるはずがない。人間が既得権に走るのは当然のことなのだ。既得権者が既得権を守ろうとするのは、極めて合理的なことでもある。ただ、そのまま放っておくだけでは新しい時代を切り開くことはできない。

しかし、だから20代をはじめとした若い世代が絶望的かといえば、私はそうは思わない。これからの時間がたっぷり残されている。**時間こそ、既得権者や上の世代にはない、かけがえのない財産**である。そして、これから成功体験を積み重ねていくことができる。

だからこそ、小さな成功には注意しないといけない。成功に安住し、うぬぼれたりしてしまえば、成長はそこで止まってしまう。既得権をなんとかして守ろうという人たちと同じになってしまう。それ以上の成功は手に入れられないのだ。

本当に自分の成長を考えるのであれば、成功をしたときに、より危機感を強め、緊張感を持つことだ。先にも書いたように、超一流の人たちは、厳しい条件をクリアして頂点に立ったときに、再び自分の中で頂点を設定できる人たちである。死ぬまでずっとそれを繰り返して、ジャンプし続けられる人たちである。成功体験の奴隷になど、なることはないのだ。

高いところに目標を置き、それを更新するたびさらに高くしていく。それ自体に自分の人生を生きている実感を持つ。そこには他者の成功の評価軸などない。戦うのは、常に自分。未熟な自分を成熟させる成長こそが、人生で最も大切なことだと認識する。そういう人には、成功体験の呪縛はない。

すぐには役に立たない本を選べ

一直線で順調に成功への道を歩んだ成功者はほとんどいない。そんな成功はある意味、不幸なことである。挫折は、人間を落ち込ませたり、くじけさせたりすることもある。一方で、成功した人間の何倍ものパワーで、とてつもない力をつけて這い上がってくる人間も生み出す。**挫折は時に、成功では得られない力を生む**のだ。

ところが、このことに気づけない人が意外に多い。例えば成功の物語は成功した栄光の部分だけを読もうとする。偉大な成功者が残した、抽象的な心地よいメッセージだけを受け取ろうとする。スティーブ・ジョブズの偉大さを、ユーチューブにアップされている数十分の映像だけを見て、わかったような気になってはいけない。

必要なのは、成功した要因ばかりを理解しようとするのではなく、そうした成功を支えている苦しいプロセスにも頭を巡らせることだ。結果の裏側を読み取ることである。

私は学生によく言う。本を読むときには、すぐには役に立ちそうにない本を選びなさい、と。すぐに役に立つような本は、実は本当の自分の役には立たない。古典などが典型例だが、**すぐには役に立たないけれど、自分の骨や筋肉、そうした土台が鍛えられる本がある。**

すぐに役に立ちそうな本には、あえて飛びつかないこと。近づかないこと。今すぐ役に立ちそうにない本にこそ、目を向けるべきである。

集中力とは、心身の細胞を制御すること

かつてヨガをやっていて、気づいたことがあった。身体を傾けた状態で片足で立ったりすると、普通はバランスを崩す。ところが、ヨガを練習していくと、片足で立つことが簡単にできるようになるのである。

なぜ、簡単に立てるようになったのか。通常の状態ではうまく働かなかった神経が、働くようになったからではないか、と私は感じた。だから、足の中に何億もある細胞が、私の命令をきちんと意識して働くことができたのである。

ここで気がついたことは、自分の意志を細胞の隅々にまで行きわたらせることができれば、相当なことができるようになる、ということだ。実際に、優れたスポー

ツ選手などは、この力を持っているのではないかと思う。
驚くほどの精度で身体を動かせたり、瞬時に反応ができたりするのは、一つひとつの細胞が確実に活動しているからだ。そして超一流のアスリートが日々戦っているのは、そうした細胞をいかに正確に動かすか、ということではないかと思うのである。
もちろん超一流のスポーツ選手のようにはいかないかもしれないが、その意識を持つことは身体の細胞を間違いなく動かすことになると私は考える。脳で命令を下し、神経に伝わって、それを細胞が実現させていくプロセスを、意識していくことだ。

体の中や脳の中で彷徨《さまよ》う細胞を集結させ、ひとつの方向性に向けて並ばせること。

これが私の集中力の定義である。集中力さえあれば、未来につながる道がたとえ1本の糸のような細さであってもぶれずに歩き進むことができる。ヨガの難しいポーズにしても綱渡りにしても、それが可能になるのは、体や脳の細胞に対する極めて深いレベルでの制御ができているからだろう。

細胞一つひとつに緊張感を持たせ、意志を持たせ、造反組が出ることのないよう、統率する。それこそが、集中力のなせる業である。雑念が多ければ、そのコントロールが利かなくなる。余計なことを考えていたら、本当の意志が伝えられなくなる。

そこで普段から、自分の身体のケアを心がけることである。**神経や細胞を意識する。自分のものだ、という感覚でケアをし、育て上げる。**そうすることによって、必要なときに動き出せる身体を作ることができる。普段はリラックスさせていても、いざというときに大きな力を発揮できるようにしておける。細胞一つひとつが、意志を感じて動き出すことができるようになる。

そんなことがあるのか、と思われるかもしれない。それでも、身体の細胞を意識してみてほしい。そうすれば、何かが違ってくることに気づけると思う。その意識が一つひとつの細胞に伝わったとき、身体の動きは大きく変わるのだ。

光を見つけ出す。そして見失わない

集中力を高めるには、雑念の統制が必要だ。そのためには、心の中で静かな空間を確保し、穏やかな領域を広げていくことが求められる。目を閉じ、未来につながる光を探し出す。**探し出した光が進む方向を直視する。**そして、その光を見失わないようにする。

集中力はふたつの状態から生まれる。**ひとつは、追い込みの際に発揮する集中力であり、締め切り直前に発揮する集中力**である。**もうひとつは、完全自由状態で発揮する集中力であり、完全解放状態で発揮する集中力**である。

前者は外部要因によって作られるので、集中力は高まるが、過程は楽しめない。

一方で、後者の集中力は、結果だけでなく過程も楽しめる。こうした集中力を意識的な訓練を通じて手に入れた人は、短期的に未来に対する不安があっても、一本の光が見えたら、その光を見失わずに進むことができるのだ。

過去に縛られず、未来に怯えない

言うまでもないことだが、過去を変えることはできない。過去は不可抗力である。学ぶものは学んでいいし、それを今につなげていくことは有用だと思うが、起きたこと自体を後悔することに意味はない。過去に起きたことを眺めることは時に大事だが、過去には縛られないことこそが、重要である。

一方、未来は完全に予測することはできない。夢見ることはできるが、それが思う通りになるかどうかは、確実性がない。だから不安になるわけだが、未来は予測するのが難しいから未来なのであって、逆に完全に予測できる未来など、それはそれで虚しい。そんな人生は人生でも何でもなく、途方もなくつまらないものだと思う。

完全に予測ができない。しかし、自分が主体として何かのアクションを起こしたとき、その最終結果に対し、何らかの影響を与えられるからこそ、人生は面白いのだ。訪れていない未来は、たしかに不安の材料でもあるが、逆にいえば、まだ起きていないのだから、自分に何とかできる部分がある。必要なのは、未来に及ぼすインパクトを大きくしていくために、自分が今、何をすべきかを考え行動することである。

それでも未来は不安だ、という声が上がる。過去に成功体験を持った人たちは、その成功体験を失うことに怯える。自分の過去を過大評価してしまうからだ。一方で、過去に成功体験を持てなかった人は、未来の不確実性に、また成功できないのではないかと怯える。

まず、過去にうまくいった人は、今この瞬間に対する緊張感が必要だろう。気を引き締め、このままではいけないという危機感をあえて作り出すほうがいい。

逆に過去にうまくいかなかったなら、未来をうまくいかせるための大きな財産を過去に手に入れてきたことに気づくべきである。

大事なことは、**過去と未来を、今現在とどう向き合うか、ということにつなげていくこと**だ。これさえうまくいけば、漠然とした不安を消していく力が生まれる。

そして心がけるべきなのは、**過去から見た今の自分は、常に成熟した自分であるべきだ、と認識すること**だ。そしてもうひとつ、**未来から見た今の自分は、常に未熟であるように現在の行動をもってこれからの未来の自分を創り出していくこと**である。つまり、過去からみて成熟した自分、未来からみて未熟な自分を構築することだ。

これこそが、過去に縛られず、未来に怯えない方法。それは実は、今この瞬間に挑み続ける、ということである。

過去から見た今の自分は、
常に成熟した自分であるように。
未来から見た今の自分は、
常に未熟であるように。

瞬間を生きる。次の瞬間、死んでもいいように

人間は一人で生まれ、最終的には一人で死んでいく。実は今、生きていること自体が、いかに奇跡的でありがたいことなのか、わかっている人は意外に少ない。これが本当の意味で心の底から実感できた人間は、生に対する意識を大きく変えられる。我々が生きる今日という日は亡くなられた方々が夢見ていた明日である、ということを忘れないことだ。

世の中に起きているすべての出来事から、自分の人生を実感し、そして豊かにするための材料を探し、生きる意味を見出すことができる。喜びをもらえることはもちろん、悲しみにくれることも、嫉妬の感情を投げかけてくる相手でさえ、自分が生きているということを実感させてくれるのだ。

では、人間は何のために生きているのか。人生の目的とは何なのか。私は、**人間としての完成度を高めることこそ、目的ではないか**と思っている。**自らが誇れる人間になっていくという、そのプロセスを、死ぬ瞬間まで続けることこそが大切**なのだ。

そしてここで意識をしておかなければいけないことは、人間、生まれてくる順番はあるけれど、死んでいく順番はないということである。「あなたの死亡年月日はいつですか?」と聞かれても、それに答えられる人なんていないのだ。逆にいえば、今この瞬間が最後になったとしても、まったくおかしくないのである。これだけは運命の女神に勝てない。

だからこそ、死に対する緊張感をしっかり持っておかなければいけない。そうすることによって、今この瞬間に自分が生きている生に対する実感を得ることができる。自分が手に入れているのは、もうこの瞬間しかないのだと気づくことができる。重要なのは、**この瞬間に対して、自分のすべての心血を注ぐこと**だ。

その連続線上に、最終的には１００歳なのか、80歳なのか、40歳なのかわからないが、人生の最後があると思えば、今この瞬間に対する緊張感というものは、鳥肌が立つほどのものになっていくはずだ。

そういう意味で、我々は死生観を持つ必要がある。死を考えるということは、生を考えることでもある。ここでいう死生観とは、一人の人間としての限界と可能性を認識することであり、自分という存在を取り巻く唯一変えられない運命を冷静に眺めることである。生と死の間には限られた時間しか残されていない、という生の有限性を認識することである。

そして、こうした緊張感のもとで生きた人間は、いつ死んでも人生の価値は最大になっているはずだ。誰かと比較するようなものでは、もはやなくなっている。だから思う。人生は、生きる長さに価値があるのではなく、この瞬間、この瞬間に、どれくらいの緊張感を持って、懸命に生を尽くしたかどうかにこそあるのだ、と。つまり、**時間に対する緊張感とは、命に対する緊張感**なのである。

人間の年齢と人間の成熟さは必ずしも比例しない。生きてきた時間がどんなに長くてもその人が価値ある時間を過ごしてこなかったとすれば、それはこの世に物理的に存在した時間が長かっただけで、運命に翻弄された時間が長かっただけに過ぎない。

重要なのは、**瞬間に対する緊張感を持ち、瞬間を刻むこと**なのだ。時間の長さではなく、**〝魂〟の温度をもって時間の濃度を限りなく高めていく**。この瞬間にすべてを賭けるということこそ、生きる人の権利であり、義務なのである。このことがわかった瞬間、くだらないこと、つまらないことには目が向かなくなる。

人間の生きた価値は、どれほど長く人生を生きたかではなく、どれほど濃度の濃い人生を生きたか、によって決まると私は思う。図式にすると、**「濃度×長さ＝人生の価値」**になる。社会の流れに沿って、集団の空気を読んで、順応的に生きることが、自分が目指す生き方ではないはずだ。人間は人生のある時点で、自身の志や良心という尺度で人生を生きていくことを決意する必要がある。また、時に、自身の尺度が社会や組織の尺度とぶつかるときがあろうが、そのときは自身の尺度を優先する気概も持たないといけない。

視野が狭かったり、近視眼的にしか物事が見られなかったり、ネガティブなことばかり言っていたり、理不尽なことを言ってくる人たちの、わびしさが見えてくる。それもまた、自分にとっては大きな学びであることに気づける。

目指してほしいのは、もっともっと大きな人間だ。もっともっと美しい人生、素晴らしい人生だ。それこそが、あなたが目指すべきもののはずなのである。

人間としての完成度を高めること。その意識を持つこと。それは必ず、このかけがえのない人生を堪能し、充実させることにつながっていくと私は信じている。

瞬間に対する緊張感を持ち、瞬間を刻む。
〝魂〟の温度をもって
時間の濃度を限りなく高めていく。
「濃度×長さ」が人生の価値だ。

おわりに

絶対不可侵領域としての自己を確立し、どんな状況でもそれを貫くことだ

学生と1対1で面談をしていて、目の前で大粒の涙を流されることがときどきある。先日は、こんな質問に多くの学生が涙した。

「人間は確実に死ぬ。死んだ後に、君はどんなふうに人々に記憶されたい？　君の生きた証というものについて、君はどんなふうに今、語れるだろうか」

私の質問が多少、詰問調になってしまったところもあったのかもしれない。でも、多くの学生が、この質問に対して言葉に詰まり、やがて大粒の涙をこぼし始めた。

なぜか。みんな一生懸命に生きているのだ。必死で目の前の物事と格闘しているのだ。しかし、思うような結果が出せない。自分が欲しい何かが手に入らない。だから、不安にばかりさいなまれる。今、自分は正しい方向に向かっているのか、今、自分が努力していることが自分の目指す明るい将来につながるのだろうか、とますます不安になる。その答えがわからないからこそ、涙があふれる。

そんな学生を目の前にして、私はふたつのことについて語った。ひとつは、**他人の目、他者の目を意識するな**、ということ。日本で感じるのは、この他者の目を過剰に受け止める学生が多過ぎるということである。それが、学生を苦しめるのだ。家族や、友人や、他の仲間たちや社会、近隣など、たくさんの価値観からの視線やプレッシャーを彼らは日々、受けている。実はそれこそが、自分自身を不安にしている最たるものであることも多い。

学生たちに伝えたい。皆に好かれる必要などないということを。嫌われても自分らしい表情をし、自分で考えた言葉を発することを心がけることこそが重要であると。そもそも周りは自分が思うほど、自分のことを気にしてはくれないものだ。自分の人生のすべての権限と責任は自分自身にあることを認識し、どんな状況でも自分を貫くことを忘れないでほしい。

そしてもうひとつが、**そうやってもがいている自分は正しい**、ということである。それこそが、何よりの正解だ、と。自身が自分の成長に対して、一番真摯にできることは、自分の未熟さ、あるいは自分にできていないことと向き合うことだからである。だから、君の涙というのは、自分と、自分の人生と真剣に向き合っている証拠だ。そういう自分を褒めてやりなさい。誇りを持ち、称えてやりなさい、と。

思えば私自身もそうだった。ピュアであればあるほど、人生に立ち向かう意識が大きければ大きいほど、青春時代はつらく苦しいものになる。でも、実はそれこそが本当に大切で大事な瞬間だったと気づくのは、もっともっと後になってからのことだ。

実のところ、正解というものがひとつだけあって、それを達成できたり、発見できたり、選択できたりすればいい、などというものでは人生はまったくない。それは、人生を長く生きている人たちは、みな知っていることではないかと思う。ところが、口に出す人は意外に少ない。むしろ正解を語りたがる人は多い。それを聞きたがる人が多いからである。

実のところ、会社選びや仕事選びにしてもそうだ。だいたい50年もの長きにわたって、絶対に安泰である産業や企業、仕事など、あろうはずがない。それはちょっとだけ歴史をひもといてみてもわかる。むしろ、正解を追い求めることのほうが極めて危ないのだ。これでよし、と思ってしまうからである。

ところが、正解は一人歩きしてしまう。それを社会の目が後押しする。何の責任も持たないままに、である。

実は、どんな道でもいい。真剣に取り組んで得られたものは、最終的にはどんな道であっても正しい道にしていくことができると私は思っている。だから今、自分が選んだものが正しいかどうか以前に、それは自己責任で主体的に選んだ道なのか、その選んだものから自分がどう成長できるか、ということを感じることが重要なのだ。それを感じながら過ごせば、若い人はそれでもう十分だと思う。なぜなら、成長できるから。そして、人生は充実するから。私は、この本質をこそ、伝えたかった。

過去に無限なる可能性に見えたものは、未来には1本の細い線に収束していく。可能性が現実になったという意味でうれしいことではあるが、無数の可能性が消えていったという意味では寂しいことでもある。

青春時代には無数の可能性が存在する。だからこそ、青春は美しいのだ。

人生の価値は、自分が自分をどれほど信じたか、で決まると思う。だから、何があっても自分に対する絶対的な信頼を失わないことだ。**絶対不可侵領域としての自己を確立し、どんな状況でもそれを貫くこと**だ。

そしてすべての瞬間において自分の存在意義を証明し続けること。他人ができることは行わない。他人が語れる言葉は発しない。自分しかできないことを見極め、それだけを実践し続けること。

今この瞬間を最後だと思い、燃え尽きるように生きること。そして最後は自分に残されたすべての夢も欲も愛も使い尽くし、何も残されていない絶望の中で死ぬ。それこそが、美しい人生であると私は思う。

最後になったが、本書を出版するにあたっては、ダイヤモンド社書籍編集局第三編集部編集長の土江英明氏にたいへんお世話になった。また、構成・編集の作業を進める上では、ライターの上阪徹氏にご尽力いただいた。この場を借りて、深く感謝申し上げたい。そして、どんなときでも私のそばにいてくれた最愛の妻、カオリに感謝したい。

本書が少しでも、日本の若い皆さんのお役に立てれば幸いである。

２０１２年５月

ジョン・キム

解説――媚びない人生のための「自分との向き合い方」

本田 健

この本を手に取られたあなたは、思索が好きで、自分と向き合ったり、人生の大切なことをしっかり考えられる方だと思います。

そんな聡明な方たちに対して、解説をするなんて、釈迦《しやか》に説法する気分になります。

私は、著者のジョン・キムさんとは長い付き合いで、兄弟のように感じています。著者をよく知る立場の人間として、ジョン・キムさんの本について私なりにお伝えできることもあるかもしれないと思い、解説の大役を引き受けました。

「媚びない人生」――なんて素敵な響きなのでしょう。

逆にいうと、私たちは、会社に媚び、お客さんに媚び、パートナーや家族に媚び、窮屈感を感じながら生きています。

「媚びる」という言葉には、自分の本音を隠して、相手に合わせるという卑屈《ひくつ》で悲しいイメージがあります。

自分を曲げ、相手の望みを先回りして考え、ビクビクしながら生きる姿が浮かびます。そこまでひどくなくても、自分を出さずに遠慮がちに生きている姿が見えてくるでしょう。

なぜ、そんな生き方になってしまうのでしょうか？

それは、私たちが、「自分らしく自由に生きてしまったら、問題が起きる」と思っているからです。なので、普段から、いろんな人に遠慮しながら、頭を低くして生きているのです。

自分に嘘をつくとまでは言わないまでも、本当の自分が誰なのかがわからないまま、流されて生きている人は多いと思います。

でも、そのままでいいのでしょうか？

イヤ、もっと違う生き方があってもいいんじゃないか。そう思ったから、あなたはこの本を手に取られたのでしょう。

この本では、ジョン・キムさんが、媚びない生き方について、ありとあらゆる角度から解説をしてくれています。

「媚びない人生」を送るために、最初にあなたにできることは、「悩むことだ」とキムさんは語っています。

たしかに、自分らしく生きようと思ったら、周りとの軋轢《あつれき》に悩むことになるでしょう。周りのルールと、あなたのルールは違います。そして、周りの期待と、あなたがやりたいことも違うでしょう。

そのギャップをどうするべきかと考え出すと、それが悩みにつながります。そういう意味では、「悩むこと」は、「媚びない人生」への入り口だと言えます。

次にできることは、「今と向き合う」ことです。

自分の現在と向き合うと、いろんなものが見えてきます。そこで落ち込むこともあるでしょうが、ここで自分と向き合うことで、何をやればいいかが見えてきます。ダイエットを決意したときに、体重計に乗るようなものでしょう（笑）。

自分が今いる現在地がはっきりわからなければ、これから向かう場所への道を探ることもできません。ドキドキしながら、現在の自分と向き合いましょう。

今の「自分と向き合う」ことで、わかってくることがあります。それは、今まで本当の自分と向き合ってこなかったこと、そして、そもそも自分が何を望んでいるのか、実は自分もわかっていないということです。

これは、衝撃の事実ではないでしょうか。

「私は、自分の本当の望みを知らない」

ということを自覚するところから、私は何を望んでいるのか、という大切な問いが出てきます。自分が何をやりたいのかが明確になっていなければ、次に何をすればいいのかさっぱりわからないからです。

かといって、山に籠《こ》もったり、滝に打たれたりすれば、自分のやりたいことがわかるかというと、そういうわけでもありません。

自分のやりたいことは、社会で生きていくうちに、見つかります。また、自分の才能は、人との関わりで初めてわかってきます。

それが、「社会と向き合う」という意味です。

例えば、あなたが友人の話を親身になって聞いてあげたらすごく喜ばれて、ご飯をご馳走してもらったとしましょう。

その友人が、たまたまあなたのことを知人に話したら、ぜひ自分も相談に乗ってもらいたいということで、友人の知人を紹介されたりします。実際に会って相談に乗ってあげたら、すごく感激してくれて、「ぜひ定期的に会ってほしい、よければお金を払いたい」と言ってくれます。そこから、また紹介が広がって、人の相談に乗る才能が自分にあるということに気がつくのです。

そうやって、コーチとしてのキャリアが始まることもあります。クライアントの相談に乗っているうちに、本格的に学ぶ必要があると思い、スクールに通って資格をとります。

このような流れで、たくさんのクライアントに喜ばれる人気コーチになった人を私は何人も知っています。

自分の才能は、人に喜ばれたり、感謝されたりすることで気がつくものです。人に感謝されるということは、その能力が他の人よりも優れているからで、自分ではなかなか気づかないものなのです。

自分と向き合って、自分のことがわかってきたら、今度は「他者と向き合う」ことです。

私たちは、つい周りの人がどう思うのかを気にしてしまいます。和を重んじるのは、日本人の素晴らしい美点ですが、それが強すぎると、自分の本音を出さないようになってしまいます。

時には、自分の属している家族、組織から、ある程度の距離を置くことも必要になってきます。

キムさんは、そのことを「群れから離れる」と表現しています。

言葉は格好いいですが、勇気がいることですよね。なぜなら、群れから離れたら、生きていけないのではないかという気持ちにもなるからです。

今、あなたが会社員だったり、家族と同居していたとしたら、この「群れから離れる」というのは、想像以上に難しいと思います。

でも、それができなければ、「媚びる人生」から抜け出せないのです。

「仕事と向き合う」というのも、なかなか難しいことです。

今の仕事を見直そうとすると、安定を失うのではないかという恐れが出てきます。今の仕事の内容、やり方、一緒に働いている人のことなど、冷静に見るには、目線を高くして、客観的な視点を持つことです。

自分の学歴、経験、実力で、どういう仕事ができるのか、現実的な視点も大事です。なぜなら、こんなところは嫌だと言って群れから離れても、すぐに経済的に行き詰まるでしょう。

そういう意味で、仕事と向き合うのと同時にお金のことを考えるのも、大切です。

私は、お金の専門家なので、「お金と向き合う」という章がないのに驚きました。キムさんが、経済的に豊かなことと、あまりお金に興味がないからからもしれません。思索の世界に生きているキムさんらしいなと思いました。

もちろん、お金は、自分と向き合って仕事と向き合えば、自然とついてくるものです。

「人生と向き合う」というプロセスも、とても大切です。

この章で私がいいなと思ったのは、「直感を信じ、直感を磨く」という言葉です。

これからはとても不透明な時代になります。

そういう環境下では、直感を信じて生きることはとても大事です。ぜひ、あなたも直感を磨いてください。

「未来と向き合う」というのは、自由に生きる上での最終コーナーです。

あなたは、未来を信じていますか？

それとも、不安に感じていますか？

どちらの未来もあなたが選べます。

過去に良くないことがいっぱいあったから、どうせ未来もダメだと思う人もいるでしょう。また、将来のことが心配な人もたくさんいると思います。

そんな方にキムさんは、宝石のような言葉を贈ります。

「過去に縛られず、未来に怯《おび》えない」

これが、この本の中でも、最も大切なコンセプトではないでしょうか。

媚びない人生は、自由なあなたらしい人生です。

ぜひ、自分と向き合い、素晴らしい人生を実現してください。

この本は、人生という旅のいろんな場面であなたを助けてくれるでしょう。嬉しいとき、悲しいとき、落ち込んだとき、この本に戻ってきてください。

あなたなら、きっと素晴らしい未来を選ぶことができると思います。

〈作家〉

著者紹介

ジョン・キム（John Kim）

作家。韓国生まれ。日本に国費留学。米インディアナ大学マス・コミュニケーション博士課程単位取得退学（ＡＢＤ）。博士（総合政策学）。

ドイツ連邦防衛大学技術標準化部門博士研究員、欧州連合（ＥＵ）技術標準化プロジェクトEU Asia-Link プロジェクト専門委員、英オックスフォード大学知的財産研究所客員上席研究員、米ハーバード大学インターネット社会研究所客員研究員、2004年から2009年まで慶應義塾大学デジタルメディア・コンテンツ統合研究機構特任准教授＆プログラムマネージャー、2009年から2013年まで同大学大学院政策・メディア研究科特任准教授。2013年からは、パリ・バルセロナ・フィレンツェ・ウィーン・東京を拠点に、執筆活動中心の生活を送っている。

主な著書に『一生忘れない読書』（ＰＨＰ研究所）、『真夜中の幸福論』（ディスカヴァー・トゥエンティワン）、『時間に支配されない人生』（幻冬舎）、『断言しよう、人生は変えられるのだ。』『生きているうちに。』（以上、サンマーク出版）、『ジョンとばななの幸せってなんですか』（光文社／吉本ばなな氏との共著）がある。

編集協力——上阪 徹

プロデュース——越智秀樹（OCHI企画）

本書は、2012年５月にダイヤモンド社より刊行された作品を、加筆・修正したものである。

ＰＨＰ文庫　媚《こ》びない人生

2020年７月16日　第１版第１刷

著者　ジョン・キム
発行者　後藤淳一
発行所　株式会社ＰＨＰ研究所
東京本部　〒135-8137　江東区豊洲5-6-52
ＰＨＰ文庫出版部　☎03-3520-9617（編集）
普及部　☎03-3520-9630（販売）
京都本部　〒601-8411　京都市南区西九条北ノ内町11

PHP INTERFACE　https://www.php.co.jp/

組版　株式会社PHPエディターズ・グループ
印刷所　株式会社光邦
製本所　東京美術紙工協業組合

ISBN978-4-569-90007-0

PHP文庫

強運を味方につける49の言葉

本田 健 著

「『感謝できる人』に運は集まる」「運気は移動距離に比例する」など、強運を引き寄せるための具体的な方法を、語録形式で一挙公開！

PHP文庫

スティーブ・ジョブズ名語録

人生に革命を起こす96の言葉

桑原晃弥　著

「我慢さえできれば、うまくいったのも同然なのだ」など、アップル社のカリスマ創業者が語る〝危機をチャンスに変える〟珠玉の名言集。

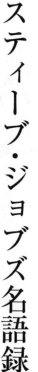

PHP文庫

成功への情熱—PASSION—

稲盛和夫 著

一代で京セラを造り上げ、次々と新事業に挑戦する著者の、人生、ビジネスにおける成功への生き方とは？　ロングセラー待望の文庫化。